Ich hoffe Frau Bodmer,
dass Ihnen dieses meiner
Ansicht etwas spezielle
Blumenbuch Freude
bereiten wird.
                        A. Hüni
Weihnachten 1980

Claudia von Schulthess

DIE ZWÖLF MONATE
MEINES
BLUMENGARTENS

Claudia von Schulthess

DIE ZWÖLF MONATE MEINES BLUMENGARTENS

STÄUBLI VERLAG AG ZÜRICH

ISBN 3 7266 0001 9

© COPYRIGHT BY CLAUDIA VON SCHULTHESS, CH-8702 ZOLLIKON
AQUARELLE: CLAUDIA VON SCHULTHESS
LITHOGRAPHIEN: REPRO VON KÄNEL AG ZÜRICH
SATZ, GESTALTUNG UND DRUCK: STÄUBLI AG ZÜRICH
EINBAND: H. WEBER AG WINTERTHUR

In Aquarellen und Worten festgehalten

für Barbara, Hans-Caspar, Florian und Lucas

In diesem kleinen Gartenbuch stehen persönliche Erfahrungen, erlebt und erprobt mit sehr viel Freude, und auch den nie ausbleibenden Enttäuschungen. Über Jahre hinweg hat sich manches an Wissen gefestigt und manches nie ganz erfüllt. Wunderbares geschah und trauriges Versagen blieb nicht aus. Es sind Hinweise, die andere Gartenfreunde zu weiteren Unternehmen anregen möchten. Die Weite und Mannigfaltigkeit der Pflanzenwelt ist nicht zu fassen, doch möchte ich in diesem kleinen Buch zum Ausdruck bringen, dass es zum Schönsten gehört, mit Erde und Pflanzen zu tun zu haben.

> Suchst Du das Höchste, das Grösste?
> Die Pflanze kann es Dich lehren.
> Was sie willenlos ist, sei Du es wollend!
> Das ist's.
>
> Schiller (Das Höchste)

INHALT

Januar	11
Februar	14
März	24
April	36
Mai	50
Juni	64
Juli	73
August	81
September	89
Oktober	94
November	100
Dezember	108
Deutsche Namen	111
Botanische Namen	117

Januar

Mit dem JANUAR beginnt das Jahr, und somit auch unser Gartenbuch, obschon wir in diesem Monat kaum Gartenarbeit zu leisten haben. Aber ganz ohne Gartengedanken bleibt man ja nie. Wir haben Zeit, in aller Ruhe die vielseitigen Kataloge zu studieren und uns auszumalen, was wo blühen wird im Frühling, im Sommer und selbst im Herbst, und schon stellt man sich seine Beete in voller Pracht vor. Allerdings sieht es in Wirklichkeit dann oft nicht ganz so aus. Dieses lebende Material hat je nach Witterung und Standort seinen eigenen Rhythmus, die einen Pflanzen lieben den Regen, die andern warten sehnlichst auf Sonne, und so blühen unsere Blumen nicht unbedingt wie wir es uns vorstellen, und auch nicht immer zur gedachten Zeit.

Als erste Arbeit im Jahr wäre es nützlich, an sehr trockenen Stellen, zum Beispiel entlang einer südlichen Hausfront, wo weder Schnee noch Regen hinkommen, einmal gründlich zu giessen oder Schnee hinzuschaufeln.

Mit dem Schnitt der OBSTBÄUME und SPALIERE kann bereits begonnen werden. Dies sollte aber nur mit gründlicher Kenntnis geschehen oder einem Fachmann überlassen werden, damit wir uns an einem schönen Wuchs und im Herbst dann auch an einer guten Ernte freuen können.

Selbst in diesem Monat, ausser er ist sehr schneereich, fehlt es nicht an Blühendem. Da ist der JASMIN *(Jasminum nudiflorum)*, der den ganzen Winter an geschützten Wänden oder über kleine Mauern fallend seine Blüten treibt. Und aus oft noch schneebedecktem Boden schauen schon die ersten *Eranthis* hervor, auch WINTERLINGE genannt, weil sie unverdrossen grosser

Kälte standhalten. Behagt ihnen ihr Standort, vermehren sie sich rasch, und stehen sie nahe bei zarteren Frühblühern, muss man sie durch Ausstechen oder Wegnehmen der Samenstände im März im Zaum halten, sonst überwuchern sie alles. Gegen Ende des Monats treiben an geschützten, halbschattigen Stellen die kleinen ALPENVEILCHEN *(Cyclamen coum)* ihre grazilen Blüten weiss, rosa oder karminrot über runden, dunklen Blätt-

Winterling

chen hervor. Nicht zu vergessen ist die früheste, niedrig wachsende CHRISTROSE *(Helleborus niger)*, die meist schon in diesem Monat den Ansatz von Knospen zeigt. Man muss sie sehr früh gegen Schnecken schützen, da diese, kaum ist es etwas wärmer, viel Gefallen an ihr finden und so ein ungestörtes Aufblühen verhindern. Die Christrose braucht eine gewisse Zeit, bis sie sich zu einer vollen Pflanze entwickelt. Da darf man ein, zwei Jahre lang nicht verzweifeln, wenn sie nicht oder kaum blühen will. Ist ihr dann aber wohl am nicht zu sonnigen, eher feuchten Standort, so entwickelt sie sich gut.

Diese Frühblüher haben immer etwas Rührendes an sich, wie sie mit ihrer Zartheit aller Kälte trotzen und uns den nahenden

Christrose

Frühling anmelden. Und schon hält man Ausschau nach jenen unserer Sträucher, die, noch bevor der Blattaustrieb eingesetzt hat, blühen werden. Die Knospen schwellen vielversprechend, und man glaubt schon den köstlichen Duft wahrzunehmen, den sie ausströmen werden.

Februar

Damit sind wir bereits im Monat FEBRUAR angelangt. Eine Bauernregel sagt: «Wenn die Katze im Februar an der Sonne liegt, wird sie im März unter den Ofen kriechen.» Der Februar kann schon sehr warm sein, und je nachdem wagt sich sehr früh oder später alles hervor, was dieser Jahreszeit zugeschrieben wird.

Alle BÄUME und STRÄUCHER können geschnitten werden. Doch heisst es aufpassen, dass die bald blühenden Sträucher nicht unter die Schere kommen, da sie an den alten Zweigen Knospen treiben. Zu diesen frühblühenden Sträuchern gehören der GEWÜRZSTRAUCH *(Chimonanthus,* auch *Calycanthus praecox* genannt). Seine zartfarbigen Blütchen verbreiten einen betörenden Duft. Stellt man einen Zweig ins Zimmer, ist der ganze Raum davon erfüllt. Gegen Ende des Monats öffnet auch die gelbe ZAUBERNUSS *(Hamamelis mollis)* ihre Blüten, ebenfalls duftend, und es erwacht ihre aparte rote Schwester *Hamamelis rubra.* Zu den am alten Holz blühenden Sträuchern gehört auch später im Jahr die blütenreiche *Kolkwitzia amabilis,* sodann der PFEIFENSTRAUCH *(Philadelphus coronarius)* oder ZIMTRÖSCHEN genannt, der uns im Juli mit seinen vierblättrigen, süss duftenden weissen Blüten erfreut. Auch die *Forsythia* gehört dazu, die vor dem Blattaustrieb üppig ihre goldene Pracht spendet. Diese Sträucher schneide man nach der Blütezeit aus.

Manchmal stösst schon in der zweiten Hälfte Februar aus oft noch harter Erde die ungefähr 10–15 cm hohe ZWERG-IRIS *(Iris reticulata)* ihre kleinen, schwertartigen Blättchen hervor, und plötzlich, ganz unerwartet, blüht sie dunkelviolett, mit orangegelber Zeichnung. Es gibt auch gelbe und hellblaue und

Gewürzstrauch

purpurrote Sorten davon; mir scheint aber die *reticulata* die widerstandsfähigste zu sein. Setzzeit siehe November. Aus dem eben erst geschmolzenen Schnee schauen schon die ersten SCHNEEGLÖCKCHEN *(Galanthus nivalis)* hervor und etwas früher der *Galanthus elwesii.* Nach der Schneeschmelze blüht auch gleich die GLOCKENHEIDE *(Erica carnea)* an sonnigem oder

Zwerg-Iris

halbschattigem Platz, weiss oder rosa, und der PESTWURZ *(Petasites)*, der mit den Vogelbeersträuchern zu uns gekommen ist, schaut hellgrün aus dunkler Erde hervor. Den ARONSTAB *(Arum italicum)* möchte ich an dieser Stelle auch erwähnen, obwohl er seiner Giftigkeit wegen eine etwas gefährliche Pflanze ist. Er findet sich bei uns manchmal wild in feuchten Laubwäldern, wird etwa 30 cm hoch und behält über den Winter sein prächtig gezeichnetes, dekoratives Blatt. Bei Frost legt er die Blätter wie um Schutz zu suchen auf den Boden, erhebt sie aber gleich wieder, sobald es wärmer wird, so dass man den ganzen Winter lang Freude an seinem Anblick hat.

Die STIEFMÜTTERCHEN *(Viola* oder *Pensée* genannt) müssen zum Teil wieder in die Erde gedrückt werden, wenn wir sie im Herbst gepflanzt haben, da sie sich manchmal etwas herausarbeiten.

Nach zwei frostfreien Tagen sollten die ROSEN eine Winterspritzung erhalten, mittels achtprozentiger Schwefelkalkbrühe, zum Beispiel Sulfomaag; dies ein Rat der Rosenspezialistin Claire Hofmann. Jedem Rosenfreund möchte ich ihr kleines Rosenbuch «Rosenkurs» empfehlen. Sie gibt uns darin klar und deutlich Weisungen aus langer Erfahrung heraus fürs Pflanzen, Schneiden und Pflegen der Edelrosen, Kletterrosen und Rosensträucher.

Im Februar darf, wenn der Boden aufgetaut ist, schon einiges ins Freiland gesät werden. Ich bin mir aber bewusst, dass heute in den Gärtnereien oder auf dem Markt das meiste in Form von Setzlingen zu haben ist. Das Verhältnis aber, das wir zu Selbstaufgezogenem haben, ist doch ein besonderes, die Pflänzchen sind wie eigene Kinder. Das eine schliesst das andere nicht aus. Einen Teil der Aussaat können wir zuversichtlich selbst übernehmen, auch wenn einmal etwas misslingt, sei es dass eine Schnecke, die gar nicht so langsam ist, wie man ihr nachsagt, in einer Morgenstunde mit allem ziemlich aufgeräumt hat, oder weil Erdflöhe in den zartesten Keimlingen herumhüpfen und sich daran gütlich tun (Reseden). Solches soll uns aber nicht abschrecken, und so folgt hier aus aller Fülle eine kleine Liste des Sommerflors, der jetzt schon direkt ins Freie an Ort und Stelle oder ins Frühbeet, in Kistchen oder Schalen gesät werden kann. Da ist vor allem der MOHN *(Papaver)* zu nennen, der ein Verpflanzen gar nicht schätzt und den man darum am besten an Ort und Stelle aussät. Vom Mohn gibt es die verschiedensten Sorten, gefüllte und ungefüllte, 1 m hohe und 20 cm kleine, von Weiss über Gelb, Orange, Zinnoberrot, Blaurot, Violett bis Lila. Der PAEONIEN-MOHN *(Papaver somniferum paeoniflorum)* trägt auf 1 m hohem, blaublättrigem Stiel seine strubbeligen Blumen, so auch die gefüllte Sorte *Papaver somniferum Mursellii*, die 80 cm hoch wird und mit ihren breiteren Blütenblättern beinahe wie eine kleine Pfingstrose wirkt. Dieser Mohn blüht im Mai bis Juni, einer Zeit also, da die Stauden noch zurückhaltend sind, und bringt zwischen diese sehr willkommene Farbflecke. Ist er dann verblüht, kann man ihn getrost ausreissen und einige Samenkapseln für das nächste Jahr auf die Seite tun. Der KLATSCHMOHN *(Papaver Rhoeas)*, wir finden ihn auch auf Äckern glühend rot, wird etwa 40 cm hoch und blüht unentwegt den ganzen Sommer durch. Eine ganz speziell reizende Art, der Mohn *Papaver nudicaule*, 25–30 cm hoch, entzückt uns durch seine lange Blütezeit mit zarten Blüten in Weiss, Gelb, Orange und Rot. Er ist manchmal zweijährig und samt sich auch von selbst aus. Will man Mohnblüten im Zimmer ins Wasser stellen, schneidet man mit Vorteil neben offenen Blüten auch Knospen, die schon etwas von ihrer Farbe zeigen, und brennt den Stiel unten mit einem Streichholz oder einer brennenden Kerze an, sonst lassen sie gleich die Köpfchen hängen. Dieses Verfahren gilt auch für den grossen GARTENMOHN und die WOLFSMILCH *(Euphorbia)*. Hier will ich noch beifügen, dass alle Blumen IM WASSER geschnitten werden sollten, bevor sie in die Vase kommen; sie halten dadurch viel länger.

Die rankende GLOCKENREBE *(Cobaea scandens)* wird in diesem Monat in Töpfe unter Glas gesät. Später verpflanze man die Sämlinge in kleinere Töpfchen und härte sie gut ab, indem man sie an einen kühlen Ort stellt, bevor sie ins Freie gesetzt werden. Sie lieben einen nahrhaften Boden, bedanken sich dann

Hamamelis mollis

aber mit bis zu fünf Meter hohen Ranken mit prächtigen, grünvioletten Glockenblumen, die von Ende Juli bis zum ersten Frost blühen. Die *Cobaea* hält sich auch ohne Gitter an rauhen Wänden fest und klettert daran hoch. In Kistchen, Schalen oder ins Frühbeet kann in diesem Monat auch bei 15-18°C die wunderschöne TROMPETENZUNGE *(Salpiglossis)* ausgesät werden, um sie dann, genügend abgehärtet, ins Freiland zu versetzen. Man kann sie aber auch Ende März bis April an Ort und Stelle säen, nur blüht sie dann später. Die Blütezeit ist je nach Aussaat Mai, Juni bis September. Sie liebt Sonne und guten, eher trokken gehaltenen Boden, Pflanzenabstand 20-30 cm. Die Salpiglossisblüten sind von ganz besonderer Pracht und halten zudem gut in der Vase. Ihre etwas klebrigen, zarten, grossen Blütenkelche sind in ihrer Schönheit schwer zu beschreiben. Farbig reicht die Palette von Gold über Rosa, Lila, Violett bis Schwarzrot, und jede Blume hat eine herrliche Zeichnung. Dass man sie so selten trifft, hat seinen Grund darin, dass sie etwas heikel ist, wenn sie aber einmal «will», ist sie bezaubernd! Ebenso sollte man die köstlich duftenden LEVKOJEN *(Matthiola)* im halbwarmen Treibbeet, in Kistchen oder Töpfchen vorziehen. Man halte sie nicht zu feucht und pflanze sie ab April an Ort und Stelle.

Niemals möchte ich die FACKEL *(Tithonia rotundifolia)* vergessen, die, genügend abgehärtet, ins Freie gesetzt werden kann, aber erst nach der bösen Sophie, dem letzten Frosttag, dem 15. Mai. Sie wird in nahrhaftem Boden bis zu 2 m hoch und spendet uns vom Juni bis zum ersten Frost immer neu von ihren orange-zinnoberroten Blumen. Sie beansprucht einen sonnigen und freien Platz, wo sie sich gut entwickeln kann. Es genügen im Garten eine bis zwei Pflanzen, um sie die ganzen Monate hindurch betrachten und Blumen schneiden zu können. Das allen bekannte LÖWENMAUL *(Antirrhinum)* wird auch ins Frühbeet oder in Kistchen ausgesät, um nach den Eisheiligen

Hamamelis rubra

an Ort und Stelle gesetzt zu werden. Manchmal legen sich die Sämlinge flach hin, weil eine Pilzkrankeit sie befallen hat. Dann muss man sie mit «M - Spezial», einem Pulver, das man ins Wasser gibt, giessen. Das Löwenmaul ist ein sehr ausdauernder Blüher, der manchmal überwintert oder sich auch selber wieder versamt, wenn er an seinem Platz nicht gestört wird.

Auch der Samen der DUFTWICKE *(Lathyrus odoratus)*, am meisten bekannt unter dem Namen SWEET PEA, kann, will man eine frühe Blütezeit schon im Mai, bereits im Februar in Töpfchen an warmem Ort ausgesät und nach einiger Abhärtung dann (nicht vor Mitte April) ins Freie verpflanzt werden. Im März bis April kann die Aussaat auch ins freie Land erfolgen. Köpft man die Setzlinge wenn sie ungefähr 7 cm hoch sind, so schlagen sie an den Wurzeln um so kräftiger aus und blühen dadurch reicher. Die Duftwicke liebt eine sonnige Lage und sehr nahrhafte, nicht zu leichte Erde. Bei heissem Wetter lege man ihr geschnittenen Rasen zu Füssen, aber richtig nass soll sie auch nicht stehen. Hingegen fordert sie öfters Düngung während der Blütezeit vom Mai, Juni bis September. Sie rankt gerne an weitmaschigen Drahtgittern oder Geländern etwa 1 m 50 hoch. Ein wahres Blütenwunder ist das Resultat guter Pflege von Weiss über Rosa, Lachsrot, Blau getönt, Dunkelviolett und Dunkelrot, das zudem herrlich duftet. Je mehr Blumen geschnitten werden, desto mehr neue liefert sie.

Ganz wunderschön ist auch der einjährige KÖNIGS-RITTERSPORN *(Delphinium ajacis)*, der sowohl im September bis Oktober ins Freiland, wie auch im Februar in Töpfchen ausgesät werden kann. Die Sämlinge pflanzt man an Ort und Stelle, sobald sie genügend abgehärtet sind. Sät man im Herbst, blüht das Delphinium früher und meist auch schöner. Die jungen Pflänzchen sind winterhart, jedoch dem Schneckenfrass ausgesetzt. Aber auch im Februar bis März gesät, gedeiht es noch sehr schön, liebt guten Boden und öfteres Düngen, damit seine

weissen, rosa, blauen und violetten Blütenrispen sich gut entwickeln können; sie werden bis zu 130 cm hoch. Ein Ausschneiden des Verblühten verlängert die Blütezeit, die vom Juni bis September dauert.
«Mathis bricht s'Iis (24.), hät er keis, so macht er eis.» Dieses Sprichwort widerspiegelt die oft so unberechenbare Witterung, die im Februar herrschen kann und die damit natürlich auch die Blühwilligkeit der Vorfrühlingsblumen beeinflusst.
Nicht vergessen, im Keller nach den GERANIEN, OLEANDERN, dem CITRONELLENBÄUMCHEN und den FUCHSIEN zu schauen und sie etwas zu giessen. Und sind die Knollen der DAHLIEN im Torfmull weder zu nass noch zu trocken?
Die Samen des SOMMERFLORS sind zu bestellen.

MÄRZ

Der März ist ein herrlicher Monat für den Gartenfreund. Es kribbelt ihm in den Händen, denn jetzt kann schon viel im Garten geschehen. Wir möchten nach der langen Ruhezeit wieder mit der Arbeit beginnen. Mir schrieb man zwar in den Kalender: «nüd grüble!» Doch schon schaut die KAISERKRONE *(Fritillaria imperialis)* verlockend an ihrem sonnigen Standort kräftig hervor, und man ahnt, was sich im Boden da alles tut. Vom Moment an, wo sie sich zeigt, ist ihr etwa alle 14 Tage Wuxal mit der Giesskanne zu verabreichen. Sie sollte in gut durchlässigem, etwas sandigem, kräftigem Boden stehen, damit ihre Zwiebel nicht fault. Verfügt man über Holzasche, streue man ihr davon, wenn Schnee liegt, oder hacke sie leicht in die Erde ein.

Wenn die Erde der Beete eine harte Kruste aufweist, ist sehr sorgfältiges Lockern mit einer kleinen Handhacke gut. Auch kann dabei das erste Unkraut ausgerissen werden. Ja, dieses Kapitel UNKRAUT wollen wir uns einmal näher vornehmen.

Es gibt Gärten, vor allem die grösseren, oder solche, die an Waldrändern, Hängen oder unter grossen Bäumen angelegt sind, aber auch Gärten auf verschiedener Höhe, durch Mäuerchen getrennt, bei denen ein gewisses Verwildern grossen Charme haben kann. Da wächst das Unkraut zusammen mit PRIMELN und BUSCHWINDRÖSCHEN, WALDMEISTER und SALOMONSSIEGEL wie eine Bodenbedeckung unter Sträuchern und zwischen Stauden hervor, und alles verbindet sich harmonisch zu märchenhafter Stimmung. Gewisse Stauden wuchern, es wächst, blüht, verwelkt, und wir brauchen uns nicht zu ärgern. Doch muss natürlich auch hier eine ordnende Hand im-

Pariser Hexenkraut

Rhizom

Wurzelknöllchen
vom Scharbockskraut

mer wieder eingreifen, soll nicht das Starke das Feine zerstören.

In kleineren Beeten aber und zwischen Rosen sollte kein Unkraut wachsen. Da ist es am nützlichsten, wenn wir schon im März mit dem Jäten beginnen, ist es doch viel leichter, mit dem Unkraut fertigzuwerden, wenn man früh den Kampf aufnimmt.

Es gibt vier Arten von UNKRAUT, die in jedem Garten bekämpft sein wollen, weil sie sich sonst unwiderruflich für immer einnisten. Da wäre zuerst der allen bekannte BAUMTROPFEN *(Aegopodium podagraria)* zu nennen, der seine langen, weissen Wurzeln in alle benachbarten Pflanzen wachsen lässt und der dann nicht mehr auszurotten ist. Man muss ihn, so gut es geht, bei feuchter Erde ausgraben, dann lassen sich die weissen Rhizome besser herausziehen. Bleibt jedoch nur 1 cm davon im Boden, schlägt später dieses kleine Stück Scheusal von neuem wieder aus. Durch ständiges Ausrupfen und auf keinen Fall Blühenlassen kann es zumindest in Schach gehalten werden. Im Augenblick des ersten Wachstums können die Blätter auch mit dem Gift «Roundup» benetzt werden. Doch birgt das Gefahren für danebenstehende Pflanzen in sich. Der Baumtropfen liebt nur beschattete Orte, wo viel Sonne ist, gedeiht er nicht. – Überall, ob sonnig oder beschattet, haben wir einen ähnlichen Gartenärger, ähnlich in bezug auf lange, kaum ausrottbare Wurzeln: die alles umrankende ACKERWINDE *(Convolvulus arvensis)*. Auch sie sollte, kaum erblickt, ausgegraben werden. Dann wäre noch das SCHARBOCKSKRAUT *(Ficaria verna)* zu nennen, das im Frühjahr sehr reizend seine gelben, sternartigen, glänzenden Blümchen, darum auch «Glitzerli» genannt, über dunkeln, fleischigen Blättchen öffnet. Es blüht gern unter Gebüsch und auf feuchten Wiesen und wird höchstens 10 cm hoch. Obwohl es hübsch aussieht, muss es zur Blütezeit ausgegraben werden, weil es sich sonst durch kleine Brutknöllchen,

die sich in den Achseln der Laubblätter entwickeln und die beim Absterben der Pflanze auf die Erde fallen, sehr vermehrt. Ist das Scharbockskraut eingezogen, was schon im Mai bis Juni geschieht, findet man auch die Knöllchen zwischen den Wurzeln nicht mehr. Auch darum muss das Ausrotten zur Blütezeit geschehen.

Als viertes sehr verbreitungsfähiges Unkraut muss ich das PARISER HEXENKRAUT *(Circaea lutetiana)* erwähnen. Es hat ebenfalls lange, weisse Rhizome, die allerdings nicht so hartnäckig sind wie die des Baumtropfens. Seine Samenstände sind aber leicht behaart und bleiben daher überall hängen: an Strümpfen, Hosen, Kleidern, kurz an allem, was sie streift, so dass man sie verschleppt. Daneben sorgen auch die langen Wurzeln für Vermehrung.

Schlimm kann auch die QUECKE *(Agropyron repens)* sein: Sie sieht wie ein harmloses Gras aus, hat aber zähe Wurzeln und nistet sich überall unterirdisch ein. In einem Irisbeet zum Beispiel versucht man vergeblich, sie auszuziehen. Trotz aller Anstrengung hält man meistens enttäuscht nur ein Stück Gras ohne Wurzeln in der Hand. Weit weniger schlimm ist die kleine WOLFSMILCH *(Euphorbia);* sie lässt sich viel leichter ausrupfen. Man trachte aber die Wurzeln mitzubekommen, denn bricht man sie nur ab, so schliesst sie ihren Stiel mit einem klebrigen, giftigen Milchsaft und treibt unten wieder aus. Und versamt sie sich, hat sie bald eine grosse Familie um sich versammelt. Also heraus mit ihr als Jungpflanze.

Und wie steht es mit dem wilden *Allium,* diesem feinen, kleinen LAUCHGEWÄCHS? Auch dieses, hat es sich einmal eingenistet zwischen Pflanzen, ist kaum mehr auszurotten mit seinen vielen kleinen, weissen Zwiebelchen. Nun aber genug vom Unkraut.

Bei den ROSEN sind jetzt die Tannäste zu entfernen, dann kann ein Teil des Mistes, der im Herbst gelegt wurde, leicht eingegraben werden. Nach dem Schnitt, bei Edelrosen auf drei bis fünf Augen, gebe man zur Stärkung Rosendünger. Das Geschnittene soll nicht auf den Kompost geworfen werden, da sich die Schädlinge dort vermehren; man verbrenne es oder gebe es in den Abfallkübel. Je nach Witterung können die Rosen jetzt auch neu gesetzt werden. Hiefür müssen wir unbedingt grosse, tiefe Pflanzenlöcher graben, damit die Wurzeln, die wir etwas zurückschneiden, sich breit lagern können und nicht umgebogen werden. Auch die Veredlungsstelle muss tief unter der Erde sein, 8–10 cm. Das Pflanzenloch sollte also mindestens 40 cm tief sein und darf nur mit unverbrauchter, guter, nicht zu leichter Erde, gemischt mit etwas Thomasmehl oder Ledax N, zugeschüttet werden. Ein Rückschneiden der Triebe ist meist nicht nötig, da die Gärtnereien die Rosenstöcke schon geschnitten liefern. Ist das nicht der Fall, muss man es selber vornehmen, damit die Pflanze nicht zu viel Kraft bis in die hohen Triebe hinauf verbraucht. Langsam gut angiessen.

Den Beeren im Garten streue man Beerendünger und hacke ihn nur sehr sachte ein, um die an der Oberfläche liegenden Wurzeln nicht zu verletzen. Sollten die HIMBEEREN noch nicht aufgebunden sein, muss das jetzt geschehen, bevor sie ausgetrieben haben, da man später sehr leicht die Blütenansätze wegknickt.

17. März «St. Gertrud die Erde öffnen tut». Dann kommen aber auch gleich die Schnecken hervor, und man muss dort wo es nötig ist, bereits Schneckenmittel streuen, weil sonst der erste Austrieb der Pflanze angefressen wird: bei den frühesten, kleinen CHRISTROSEN (siehe Februar), beim DIPTAM und beim KREUZKRAUT *(Ligularia clivorum)* zum Beispiel, dieser grossblätterigen Solitärstaude.

Verschiedenes kann gegen Ende des Monats ins freie Land ausgesät werden. Man bereite die Erde gut vor, indem man sie mit den Fingern oder durch ein Sieb verfeinert und leicht befeuchtet. Meist macht man den Fehler, dass man zu dicht sät. Zugedeckt wird die Saat nachfolgend mit feiner Erde höchstens doppelt so hoch wie der Samen selbst ist, dann wird die Erde leicht angedrückt.

Zu nennen wäre da das STEINKRAUT *(Alyssum)*, 10–15 cm hoch, in Weiss, Rosa oder Lila. Ein äusserst dankbares Pflänz-

Jungfer im Grünen

chen, das vom Mai bis in den November blüht und nach Honig duftet. Sehr günstig ist es als Einfassung oder als kleiner Bodenteppich an sehr trockenen Stellen. Auch unter Rosen darf es gedeihen, nur muss man in letzterem Fall aufpassen, dass es nicht zu üppig ins Kraut schiesst. Für Vermehrung im nächsten Jahr muss nicht gesorgt werden, das tut es ganz von selbst. Auch die blaue JUNGFER IM GRÜNEN, die graziöse *Nigella*, 30–40 cm hoch, kann man jetzt aussäen. Früher blüht sie allerdings, wenn dies schon im Herbst geschehen ist. Sie ist ebenfalls anspruchslos, liebt einen sonnigen Standort, lässt sich aber nicht gerne verpflanzen. Der GOLDMOHN *(Eschscholtzia)*, 40–50 cm hoch, gehört zu den liebenswertesten Einjahrsblumen mit seinen mohnartigen, seidigen Blüten, die sich am Abend schliessen. Am besten wählt man eine Mischung, die herrliche Töne von Weiss, Crème, Gelb und Orange bis Karminrot hat. Er liebt eine sonnige Lage und einen leicht sandigen Boden und blüht unentwegt vom Juni bis September. Man kann ihn auch schon im Herbst an Ort und Stelle aussäen. Auch der BARTFADENSAMEN *(Penstemon hartwegii)* soll Ende März nicht tief in gute Erde gesät werden. Die jungen Pflänzchen kann man ab Ende April an ihren definitiven Standort, ungefähr 20 cm auseinander, pflanzen. Sie werden 50–70 cm hoch. Es sind reizende Blütenstiele mit glockenartigen Blumen, innen weiss und aussen rosa, oder weiss und rot, oder lila mit einer weissen und rosafarbenen Zeichnung. Eine aparte Blume, die vom Juni bis September blüht. Will man aber einen früheren Blütenschmuck, muss man sie schon ab Februar in Kistchen oder ins Frühbeet säen. Mit der ATLASBLUME *(Godetia)* säen wir eine der dankbarsten Schnittblumen aus. Sich locker verzweigend wächst sie bis zu 35 cm hoch und hat zarte, vierblättrige Blüten in allen Farbtönen von Weiss, Rosa, Lachsrot bis leuchtend Karminrot. Die hellen Blumen haben eine dunkle Mitte und die dunkeln meist eine helle. Es existiert auch eine gefüllte Sorte, doch ist die einfache vorzuziehen. Sie lieben einen sonnigen Standort und einen nicht zu leichten Boden und blühen vom Juli bis Ende September.

Den IRIS und den DIPTAMPFLANZEN, die beide nur einen langsam wirkenden Dünger ertragen, streue man jetzt Knochenmehl oder Hornspäne.

Und nun wenden wir uns denen zu, die schon blühen. Die MÄRZBECHERCHEN *(Leucojum vermum),* die sich gerne vermehren, wenn man sie schön in Ruhe lässt. Dann sind da auch die reichblühenden WILDKROKUSSE, weiss, gelb und dunkelviolett, die man mit Vorteil unter Sträucher setzt, wo sie nach dem Einziehen nicht gestört werden und dann im nächsten Jahr üppig hervorbrechen. Die grünblühende und sehr zu Unrecht

Hacquetie

selten gesehene, 10 cm hohe HACQUETIE *(Hacquetia epipactis),* die nach kurzer Zeit reizende Polster bildet, liebt den Halbschatten und hat einen ganz besonderen Charme, auch in den kleinen Frühlingssträussen. Aus der Erde heraus schaut schon der rosa oder weissblühende, nur 10 cm hohe HUNDSZAHN *(Erythronium dens canis)* mit seinem dekorativen Blatt. Ferner blüht, noch bevor die neuen Blätter treiben, die zarte ELFENBLUME *(Epimedium),* von der es viele Sorten gibt, von Reinweiss, Gelb, Rosa, Zartlila bis zu Rot. Sie ist ein sehr guter Bodendecker und zudem wintergrün. Mit ihrem kriechenden Wurzelstock breitet sie sich rasch aus und gedeiht darum dort

Hundszahn

am besten, wo sie sich ausbreiten darf und kann. Die kleine *Anemone blanda rosea,* 10 cm hoch, umrahmt von schönen, dunkelgrün-rötlichen Blättchen, leuchtet uns lieblich an. Als blaue Farbe zu dieser Jahreszeit haben sich die BLAUSTERNE *(Scilla sibirica* und *Scilla bifolia)* verbreitet, letztere vielleicht mehr sogar als wir wünschen. In solchem Fall muss man davon einige ausgraben. Das kann leicht geschehen, denn sie haben weisse, kleine Zwiebeln. Besser jedoch ist, man setze sie von vornherein dorthin, wo Ausbreitung erwünscht ist. Etwas später blüht die grossblumige KÜCHENSCHELLE *(Anemone pulsatilla)* violettblau, 15–20 cm hoch, die bei uns selten auch noch wild anzutreffen ist. Blüten und Blätter sind wie von einem kleinen Pelz überzogen. Im Sommer zieht die Anemone ein, darum sollte man ihren Standort mit einem Stöckchen bezeichnen.
Auch die farbigen NIESWURZ (die *Helleborus Hybriden),* 40–50 cm hoch, blühen jetzt, die hellrosa GERTRUD FROEBEL mit dunklen Punkten, oder die TEEROSE weiss mit grünlicher Färbung, oder die schwarzrote THE SULTAN mit bläulicher Tö-

nung, und viele andere mehr. Sie blühen sehr lange und versamen sich. Möchte man sie in der Vase haben, muss man ihnen die Stiele bis weit hinauf aufschlitzen, dann erst gefällt es ihnen im Wasser.

Zur selben Zeit fangen auch die Sträucher an zu blühen: der SCHEINHASEL *(Corylopsis),* er wird nicht höher als 3 m. An seinen sanft gewundenen Zweigen hangen hellgelbe Blütenglöckchen in der Frühlingssonne. Auch die KORNELKIRSCHE *(Cornus mas),* bei uns TIERLIBAUM genannt, treibt Tausende von gelben, kleinen Blütchen vor dem Blattaustrieb. Im Herbst werden daraus rote Früchtchen mit Steinen, die ausgezeichnetes Gelée ergeben. Nur setze man den Strauch nicht in die Nähe des Hauseingangs, wie ich es tat, da sonst alle Heimkehrenden die abgefallenen Früchte an den Schuhsohlen ins Haus tragen. Im Juni blüht sehr dekorativ mit vierblättrigen weissen Blüten der HARTRIEGEL *(Cornus kousai),* dessen Laub sich im Herbst schön rot färbt.

Hat man die PENSÉES, VERGISSMEINNICHTE und die BELLIS nicht schon im Herbst gesetzt, so sollte dies jetzt geschehen. Die Wasserleitung für den Garten kann aufgedreht werden.

25. März, Mariä Verkündigung. «Wenn Maria verkündet, die Schwalbe sich wieder findet.»

Ende des Monats ist es nützlich, wenn man die DAHLIENKNOLLEN in Töpfe setzt und wenn möglich ans Licht an einen kühlen Ort stellt zum Vortreiben. Es darf nicht zu warm sein, sonst treiben sie zu rasch aus. Auch die GERANIEN *(Pelargonien)* wollen in einem kalten Raum an die Helligkeit. Man kann sie nun auf 15–20 cm zurückschneiden. Auch gebe man ihnen neue, kräftige, eher schwere Erde und giesse sie häufiger.

Wenden wir uns noch dem Kapitel KOMPOST zu, einem wichtigen Bestandteil unseres Gartens. Das Kompostieren kann auch in kleineren Gärten mittels Drahtgehegen geschehen. Hat man wenig Platz und Zeit, so gibt es Kompostierungsmittel zu kaufen, die den Prozess beschleunigen. Hat man aber Platz genug, sind drei verschiedene Haufen am günstigsten. Der erste Haufen für alle Garten- und auch einen Teil der Küchenabfälle, benötigt am meisten Platz. Von Zeit zu Zeit ist es nützlich, eine leichte Schicht Kalk über die Haufen zu streuen. Da aber nicht alle Pflanzen kalkliebend sind, verwende man nicht zu viel davon. Ist dieser erste Haufen einigermassen zusammengefallen, wird er umgearbeitet in einen zweiten Haufen und dieser dann wieder in einen dritten. Das Umsetzen bringt die nötige Luftzufuhr in den Zersetzungsprozess. Diese Arbeit sollte 2–3 Mal im Jahr getan werden. Auch müssen die Haufen im Schatten liegen, damit sie immer genug Feuchtigkeit haben. Ich decke sie zu diesem Zwecke mit dünnen Tannästen etwas zu. Nach 2–3 Jahren haben wir die wertvollste, köstlich duftende, dunkle, von nutzbringenden Wurmfamilien durchsetzte Komposterde, die uns für alle Mühe entschädigt. Zugleich geben wir dem Boden etwas von dem zurück, was er uns gespendet hat. Diese Humuserde ist für alles zu gebrauchen, für alles nützlich, sowohl für das Feine wie für das Grobe und die beste Nahrung für unsere Pflanzen. Wann das Umsetzen der Haufen erfolgen soll, sei jedem selbst überlassen; meist drängt uns die Platzfrage zum Handeln.

Ganz kurz wollen wir uns ins Gedächtnis rufen, was _nicht_ auf den Komposthaufen gehört, weil es sonst lieblich noch nach Jahren in der Humuserde unvermodert wiederkehrt, und dies entschieden nicht zu unserer Freude: Glasscherben, Steine, Plastiksäcke oder Schnüre, Nylon, all das verrottet nicht, verkleinert sich nicht und darf infolgedessen keinesfalls mit auf den Kompost geworfen werden. Dass ebenso die dauerhaften Wurzeln der Winde, des Baumtropfens und des Hexenkrautes nicht dorthin gehören, ist selbstverständlich. Diese nehmen jede Möglichkeit wahr, wieder aufzuleben. Dasselbe gilt für alle von Krankheit befallenen Pflanzenabfälle.

April

Auch er ist ein noch sehr wetterlaunischer Monat. Dies scheint aber im Jahresablauf so in Ordnung zu sein, denn ein uraltes Bauernsprichwort sagt: «Solange die Frösche vor Georgi quaken (23. April), so lange müssen sie nach Georgi schweigen.»

Also sei man auf alle Fälle auf verschiedene Temperaturen gefasst.
Die Blüten des Kirschbaums sind am Aufplatzen. Aber oft haben wir noch Schneeschauer im April. Die Tulpen, schon ziemlich hoch gewachsen und auf schlanken Stielen ihre Blütenknöpfe aufrecht tragend, müssen noch einmal eine ziemlich

hohe Schneelast erdulden. Sie tun das mit erstaunlicher Zähigkeit und lassen sich nicht beirren. Mehr Mühe hat der Strauch *Decaisnea fargesii,* an dem im Herbst blaue Bohnen hangen. Seine frischen, zarten Blätter und Blüten erfrieren bei einem nochmaligen Frostwetter. Er ist aber auch gleich wieder bereit neu auszutreiben.

Die immer mit Sehnsucht erwarteten Wildtülpchen und frühen Narzissen freuen uns schon täglich.

Das Kapitel TULPEN und NARZISSEN möchte ich nur kurz anschneiden, weil die heutigen Kataloge sehr gute Auskunft erteilen und immer neue Sorten angeboten werden. Aber einige besonders liebenswerte Frühtulpen sollen doch erwähnt sein. Da ist die kleine *Tulipa tarda,* aus deren Zwiebelchen sich mehrere Blüten öffnen, innen gelb mit weissem Rand, nur 10–15 cm hoch. Wie Sterne schauen sie uns ausserordentlich freundlich an. Man sollte sie vom Fenster aus betrachten können, sind unsere Gartenaufenthalte in der oft kalten, feuchten Luft dieses Monats doch noch recht beschränkt. Die grazile *Tulipa clusiana,* 30 cm hoch, mit weissen und karminrot gestreiften Blüten und dunkelm Inneren, erfreut uns schon im April, und zinnoberrot, 25 cm hoch, mehrblumig aus einer Zwiebel, lacht

Decaisnea fargesii

die Wildtulpe *praestans* FÜSILIER. Der auffallend gezeichneten Blätter wegen sei noch die gegen Ende des Monats blühende, grossblumige, orange-scharlachrote *greigii* ENGADIN genannt.
Aus der Fülle der hochgewachsenen Tulpen greife ich drei heraus: die Mitte April blühende, aprikosenfarbige APRICOT BEAUTY, die lange dauernde, lilienblütige WEISSER TRIUMPHATOR und die unvergleichliche, ganz dunkle Darwin-Tulpe QUEEN OF THE NIGHT, die sich im Mai öffnet.
Von den Narzissen spendet die 25 cm hohe Wild-Narzisse *odorus rugulosus* sehr früh und lange Zeit ihren goldgelben Blütenschmuck, und auch die Kronen-Narzisse PROFESSOR EINSTEIN, weiss mit leuchtend orange-roter Mitte, folgt bald. Etwas später blühend möchte ich in meinem Garten niemals die kräftige Trompeten-Narzisse MOUNT HOOD missen, grossblumig und ganz rahmweiss, eine zurückhaltende Schönheit.
Auch die Entwicklung der stolzen KAISERKRONE *(Fritillaria imperialis)* haben wir verfolgt, von der man beinahe glaubt, sie wachsen zu sehen. Sie ist nun schon 80 cm hoch. Unter ihrem Helmbusch gruppieren sich rundherum die hängenden, grünen Knospen. Diese öffnen sich bis Ende des Monats immer mehr zu orangen, gelben oder dunkelpurpurnen Glocken, bis sie in voller Pracht vor uns steht, die Kaiserkrone! Am widerstandsfähigsten und blühfreudigsten scheint mir die orange *Fritillaria imperialis* «ORANGE BRILLANT» zu sein. In Frostnächten müssen wir sie mit einem leichten Plastiksack, den wir ihr überstülpen, schützen. Schön zu beobachten ist, wie sie nach dem Verblühen die noch schmalen Samenstände nach oben hebt und wie diese sich dann mit der Zeit zu grossen Kapseln entwikkeln. Die Stengel und Blätter der Kaiserkrone muss man einziehen lassen, das heisst nicht abschneiden, bis sie ganz welk sind, das kommt der Zwiebel im Boden zugut.
Zur selben Zeit fangen alle die kleinen Zwiebeln und Knöllchen an stilleren Plätzchen im Garten an zu blühen, die TRAU-

Schachbrettblume

BENHYAZINTHEN *(Muscari)*, dunkelblau, azurblau oder weiss, 6–7 cm hoch, und das uns aus den Wäldern schon als Kind so wohlbekannte kleine LEBERBLÜMCHEN *(Hepatica)*, und der zierliche MILCHSTERN *(Ornithogalum umbellatum)*, der sehr bereitwillig verwildert. Ende Monat öffnet sich die SCHACHBRETTBLUME *(Fritillaria meleagris)*. Jeden Morgen halten wir gespannt Ausschau, ob sich eine rosa-violette oder eine weisse kleine Glocke geöffnet, die so genau weiss, wie ein Schachbrettmuster auszusehen hat, und bewundernd stehen wir vor so viel lieblicher Vollkommenheit.

Auch die Tülpchen und Tulpen brauchen noch Stiel und Blätter, nachdem sie verblüht sind. Etwas brutal knipsen wir ihnen nur den Samenstand ab und lassen sie mit leeren Stielen und Blättern so lange wie möglich in der Erde stehen, damit sie «einziehen» können. Das sieht wenig schön aus, ist aber nötig zur Kräftigung der Zwiebeln.

An schattigen Stellen entrollen sich die verschiedenen FARNE.

Farne

Gemswurz

Als eine der ersten Stauden blüht Ende Monat der gelbe GEMS-WURZ *(Doronicum caucasicum)* etwa 40 cm hoch. Wir haben in ihm bereits eine gute Schnittblume. Auch das blauviolette GE-DENKEMEIN *(Omphalodes verna)*, 15 cm hoch, bringt mit seinem Blau neue Farben in unseren Vorfrühlingsgarten. Es ist sehr anspruchslos und vermehrt sich willig durch Ausläufer, in der Sonne oder im Halbschatten.
Als Strauch blüht die KERRIE *(Kerria)* goldgelb, gefüllt oder ungefüllt, lieblich leicht in der Struktur. Sehr graziös im Wuchs ist auch der weisse SPIERSTRAUCH *(Spiraea arguta)* mit seinen von kleinsten, weissen Blütchen übersäten Rispen.
Und nun kommen wir noch zu den niedrigsten und unentbehrlichen Polsterpflanzen. Voran die violett-blaue AUBRIETIE *(Aubrietia)*, dann das gelbe STEINKRAUT *(Alyssum scardicum)*

und die SCHLEIFENBLUME *(Iberis)*, ein kalkweiss blühendes, auch im Winter grünes Polster. Alle drei sind in verschiedenen Variationen zu haben und gehören in jeden Garten, fallen sie doch über Mäuerchen, bedecken Steine und trockene Bodenflächen und bilden Bordüren mit heiteren, kräftigen Farben. Dabei sind sie sehr anspruchslos und verlangen nur

Gedenkemein

einen kleinen Rückschnitt nach dem Blühen. Sie blühen vom Ende des Monats bis in den Juni hinein. Die BERGENIE *(Bergenia crassifolia)* treibt ihre leuchtend rosa oder weissen Blumenbüschel an einem eher feuchten Standort hervor. Im Halbschatten ist ihr am wohlsten. Ende April, manchmal wird's auch Anfang Mai, steht das SCHILDBLATT *(Peltiphyllum)* mit seinen rosa Blüten auf bis 70 cm hohen Stielen aufrecht da und leuchtet

Kerrie

uns aus dem Halbschatten entgegen. Sein grosses Blattwerk treibt erst später aus. Im Herbst färbt sich dieses kupferfarbig rot. Will man so ein Prachtsblatt im Zimmer in der Vase geniessen, muss man ihm den Stiel ein gutes Stück schlitzen, dann hält es acht Tage lang.

Alles, was wir des rauhen Klimas wegen im März nicht ins Freie aussäen konnten, kommt jetzt an die Reihe. Neben dem früher schon Erwähnten sind es die GLOCKENBLUME *(Campanula speculum)*, 30 cm hoch, violett und weiss, die vom Juli bis in den Herbst blüht, und das SCHÖNGESICHT *(Coreopsis* oder *Calliopsis)*, das bis 1 m hoch wird und auf schlanken, sich verzweigenden Stielen dunkelgelbe Blüten mit purpurnem Auge schaukelt. Es blüht bis in den Herbst hinein. Der Samen der orangefarbenen RINGELBLUME *(Calendula)* kann jetzt in den Boden hinein, sofern wir sie nicht schon im Herbst gesät haben. Sie ist ein vielleicht etwas derber, doch ganz anspruchsloser Sommerflor. Mitte April, und nicht früher, säen wir die RESEDA *(Reseda adorata)* aus, die unvergleichlich duftende, aparte grüne Blume. Die Erde sollte, wenn es schon wärmer wird, der Erdflöhe wegen leicht feucht gehalten werden. Etwas beschatten ist nützlich. Die beiden Malvenarten, die 60 cm hohe BECHERMALVE *(Lavatera Silver Cup)*, rosa, und die bis zu 1,20 m hohe SOMMERMALVE *(Malope trifida)*, rosarot, dunkel geädert oder weiss, blühen vom Juli bis September und treiben grosse Blüten. Sie lieben trockenen Boden. Die grossen Samen des allen bekannten KAPUZINER *(Tropaeolum)* werden Ende des Monats in eine nicht zu fette Erde gesteckt, dies, um mehr Blumen als Blattwerk zu erhalten. Es gibt die buschige Form für Bodenbedeckung und die kletternde, die 2–3 m hoch rankt. Sie blühen in nicht schattiger Lage unentwegt vom Juni bis zum ersten Frost. Es folgt auch die LUPINE *(Lupinus mutabilis)*. Sie blüht oft zwei Jahre hintereinander und verbessert durch ihre Stickstoffknöllchen an den Wurzeln die Erde. Vom Verpflanzen ist ganz abzuraten. Wenn wir ihr regelmässig die verblühten Kerzen wegschneiden, blüht sie bis im September. Auch dem SONNENBLUMENSAMEN *(Helianthus)* geben wir seinen richtigen Platz in ungefähr 50–60 cm Abstand. Braun, gelb, einfach, gefüllt, hoch und sehr hoch, all dies ist diesem grossblumigen Sommerflor möglich, im Sommer uns, und im Spätherbst den Vögeln zur Freude. Das unglaubliche Wachstum der Sonnenblume fordert natürlich einen kräftigen Boden. Auch gebe man ihr schon früh eine solide Stütze gegen Wind und Wetter.

Ende April kann auch die uns jeden Morgen neu beschenkende TRICHTERWINDE «BLAUER HIMMEL» *(Ipomoea)* an Ort und Stelle gesät werden. Sie wünscht einen sonnigen und windgeschützten Platz. Diese Trichterwinde rankt bis 3 m hoch und schliesst am Nachmittag ihre grossen blauen Blüten, um üppigst am nächsten Morgen in neuer Pracht wieder zu erstrahlen. Dies tut sie vom Sommer bis zum Frost, eine erstaunliche Leistung! Und nun kommt ganz Ende April der Samen eines ganz kleinen Pflänzchens in den Boden, wo sonst nichts gedeihen würde. Es heisst PORTULAK *(Portulaca),* ist nur 2–3 cm hoch und nimmt mit magerem Boden vorlieb; selbst zwischen Steinplatten fühlt es sich wohl. Vom Juni bis September öffnet auch es des Morgens seine weissen, gelben, orange und roten Blümchen und schliesst sie abends wieder.

Was frostempfindlicher ist, wird, wie schon gesagt, ins Frühbeet oder in Kistchen gesät und im Mai, nach den Frostheiligen, an Ort und Stelle gepflanzt. Anfang April muss dies mit dem TABAK *(Nicotiana)* geschehen, der bald pikiert wird, um starke, gute Pflanzen zu erhalten. Sie lieben humusreichen Boden und schenken uns dafür duftende, weisse, weinrote und grüne Blumen, die in den Vasen lange halten. Die grüne scheint mir in Sträussen besonders reizvoll zu sein. Verwendet man im nächsten Jahr vom eigenen Samen, ergeben sich sehr schöne

Mischfarben in Mauve. Sie blühen vom Juli bis zum Frost. Auch die SOMMERASTER muss zeitig ins Frühbeet gesät werden, nicht zu dicht, dann muss man sie nicht pikieren. Sie brauchen einen frischen, kräftigen Boden, um zu gedeihen. Anfang des Monats sollte der Samen der BARTNELKE *(Dianthus barbatus)* in eine Schale, und wenn die Pflänzchen stark genug sind, dürfen sie ins Freie; sie blühen vom Juni bis in den Herbst hinein. Ganz speziell möchte ich die Aussaat des SCHMUCKKÖRBCHENS *(Cosmea)* empfehlen. Diese bis zu 1 m 50 hoch wachsende und bei gutem Boden sich weitverzweigende Pflanze blüht reich bis in den Frost hinein. Sie lockert mit ihren weissen, rosa oder karminroten Blumen, die sie immer neu öffnet, die Staudenbeete schönstens auf. Es existiert auch eine kleine orange Züchtung, die aber nicht so ausdauernd ist.

Als gute, ausdauernde Schnittblume ist die SAMMETBLUME *(Tagetes)* in Schalen auszusäen. Bis zu 1 m hoch wächst sie verzweigt und immer neue Blumen spendend. Die hellgelbe Silberlicht, die mir am besten gefällt, die goldgelben und orangefarbenen, gefüllten und einfachen, alle sind sie empfehlenswert als sehr dankbare Schnittblumen. Viele mögen den Geruch nicht, er ist sehr herb. In einem heissen, langen Herbst, als ich die verblühten Blumen zum Teil nicht abgeschnitten hatte, setzten sich Distelfinken darauf, um die Samen zu holen, was sehr reizvoll war. Die Zwergformen, 30 cm, variieren zwischen gelb, orange, purpurbraun, gefüllt und ungefüllt. Leider sind die Tagetes ein sehr beliebter Schneckenfrass. Das muss man auch immer wieder bei der ZINNIE *(Zinnia elegans)* erfahren, die trotzdem ein unentbehrlicher Sommerflor ist, in grosser oder kleiner Form. Mit Ausnahme von Blau existieren bei dieser Blume alle erdenklichen Farben und Zwischentöne. Vielleicht ist der kaum zu hindernde Schneckenfrass ein Grund, sich schon stärkere junge Pflanzen beim Gärtner zu kaufen. Will man aber sicher sein, die scabiosenblütige Art zu bekommen, sät man sie besser selber aus. Diese ist etwas kleiner als die obige, nur ungefähr 70 cm hoch, überrascht uns aber immer wieder mit reizvollen Formvarianten des Blüteninnern. Dabei ist sie wetterfester als die gefüllte, grosse Zinnie. Ganz ohne *Zinnia haageana*, die nur 40 cm hoch wird, mit kleinen, cremefarbenen oder gelben, wunderbar braunpurpurn gezeichneten Blumen, könnte ich mir kein Gartenjahr denken. In den Sträussen hat sie einen eigentümlichen, selbständigen Ausdruck. Die Zinnien werden Ende April ins lauwarme Triebbeet gesät, einmal pikiert und Ende Mai an Ort und Stelle gepflanzt. Nicht vergessen wollen wir die SKABIOSE *(Scabiosa),* die Anfang April ebenfalls ins Frühbeet ausgesät wird. Sie ist eine sehr haltbare Schnittblume.

Meistens zieht man zu viele Setzlinge. Das schadet aber gar nichts, im Gegenteil, Freunde und Bekannte nehmen mit grösster Freude vom Überfluss entgegen, wenn sie die Möglichkeit nicht haben, sie selbst zu ziehen. Und ihr Anblick erinnert freundlich den ganzen Sommer an die Spender.

Nun noch einiges über die WALDREBE *(Clematis).* Von dieser charmevollen rankenden Pflanze gibt es zwei verschiedene Sorten: die kleinblumigen und die grossblütigen Hybriden. Die Farben der Blüten reichen von Reinweiss über Rosa, Karminrot, Lila bis zu Dunkelviolett, und die *Clematis tangutica* trägt kleine, gelbe hängende Blüten vom Juni bis in den Herbst hinein. Sie wird bis zu 3 m hoch.

Eine der solidesten Arten ist die kleine *Clematis montana*. Sie ist von starkem Wuchs und im Mai bis Juni von Blüten übersät. Auch ist sie überhaupt nicht anfällig für Krankheiten und darum sehr empfehlenswert. Von den grossblumigen Sorten sei die robuste, vierblättrige, violette *Clematis jackmanii* genannt, die üppig ihre Farbenpracht spendet. Heikler ist die reinweisse, grosse MADAME LE COULTRE, sechsblättrig. Sie liebt einen sonnigen, nicht zu heissen Standort und nicht zu schweren, durchlässigen Boden. Auch muss sie einen beschatteten «Fuss» haben, damit der Boden feucht bleibt. Am besten setzt man eine Staude oder einen kleinen Strauch davor, zum Beispiel eine KRANZSPIERE *(Stephanandra incisa)* oder die etwas höher wachsende *Stephanandra tanakae.* Leider unterliegt diese herrliche Madame Le Coultre sehr gerne der Welkkrankheit, dann sterben die schönsten Ranken plötzlich ab. Es gibt keine chemischen Spritzungen dagegen. Am besten schneidet man das Kranke etwa 5 cm über dem Boden aus, und meist zeigen sich wieder neue, helle Triebe. Im Frühjahr, wenn das Grün noch zart ist, werden die Blätter oft von irgendwelchen Insekten angefressen. Dann bespritzt man die Pflanze mit 0,2% Sum 79. Solange Schädlinge auftreten, kann dies alle drei bis vier Wochen wiederholt werden. Auch Bestäuben mit Pirox hilft manchmal. All diese Mühen sollen uns aber nicht verdriessen, wir werden durch die Schönheit der Mme. Le Coultre reichlich belohnt vom Juni bis Ende Oktober, wenn immer wieder neue Knos-

Waldrebe montana

pen sich überraschend öffnen. Die Clematis braucht nicht viel Düngung, hat aber über den Winter gerne etwas Mist als Bodenbedeckung. Im Wasser hält sich Mme. Le Coultre ausgesprochen lange. Die NELLY MOSER ist all denen zu empfehlen, die sich an einem rosa Blütenflor erfreuen möchten. Ihre achtblättrigen, grossen Blüten sind weiss-rosa und haben in der Mitte einen roten Streifen. Reiche Blütezeit vom Mai bis Ende Juni.

Das Jäten darf nie ganz vergessen werden, einmal da, einmal dort im Garten, so wird's nie zu viel. Was wir mit unserer im Herbst ausgelegten Humuserde an Unerwünschtem mit ausgestreut haben, fängt jetzt an zu keimen und kann nun leicht herausgezogen werden.

Auch dem Rasen sollten wir jetzt unsere Pflege angedeihen lassen. Am besten wäre es, wenn wir ihn walzen könnten. Da dies aber meistens nicht möglich ist, säubern wir ihn mit dem Rechen vom Moos, und damit ebnen wir auch die Wurmhäufchen etwas aus, die dutzendweise vom Leben unter der Erde zeugen. Je nach Wachstum können wir ihn nachher bereits zum ersten Mal schneiden. Mit scharfen Instrumenten rücken wir dem LÖWENZAHN und dem WEGERICH zu Leibe. Die andern Unkräuter stören mich schon längst nicht mehr. Das kleine, blaue EHRENPREIS, das sich im Mai ausbreitet, wirkt wie ein Stückchen Himmel, das sich sacht auf unseren Boden gelegt hat, und ich bedaure es jedesmal, wenn der nächste Rasenschnitt dieser Lieblichkeit ein Ende bereitet. Um allzu üppiges Wuchern von Gänseblümchen und anderen netten Unkräutern zu verhindern, streue man Ende des Monats oder Anfang Mai, wenn wüchsiges Wetter ist, Gesal Rasendünger und Unkrautvertilger.

Wir haben diesen Monat, sobald es wärmer wird, auf einen ausgesprochenen Lilienfeind zu achten, einen kleinen, roten Käfer, der die jungen Knospen der Lilien frisst. Zu entdecken ist er relativ leicht, da er leuchtend rot ist, aber ihn zu fangen ist recht schwer. Bei der sachtesten Annäherung lässt er sich plötzlich fallen und ist nachher unauffindbar, da er sich mit seiner schwarzen Unterseite tarnt. Er tritt fast nie alleine auf, und wenn wir Glück haben, finden wir ihn in der Nähe am nächsten Tag wieder, dann, gewitzigt, müssen wir beim Fangen vorsichtiger sein. Überbraust man die Lilien mit Schmierseifenwasser (s. Mai unter «Rosen»), lassen sich die Käfer verjagen. Die Schnecken treiben weiterhin ihr Unwesen, besonders bei VEILCHEN, blauen oder weissen, und anderem mehr. Auch da müssen Mittel eingesetzt werden, denn man hat leider oft nur die Wahl: Blumen oder Schnecken.

Die OLEANDER dürfen aus dem Keller hinaus an die Luft, an einen geschützten Platz. Sie ertragen einige Kältegrade. Man entferne von oben her in den Kübeln etwas von der alten Erde und streue ihnen dort zur Stärkung zum Beispiel Hauert Volldünger hinein, den man dann mit frischer, schwerer Erde deckt. Je nach Grösse der Pflanze können ein oder zwei alte Zweige ganz heruntergeschnitten werden, damit sich unten neue Triebe bilden. Gut giessen, denn sie lieben nasse Füsse und einen heissen Kopf!

Regelmässig gehen wir auf einem Rundgang unsere Blumen besuchen, um zu sehen, wie sie gedeihen. Ich glaube, das spüren die Pflanzen, und es fördert unsere freundschaftliche Beziehung.

MAI

Der Mai ist gekommen, man möchte am liebsten immer im Garten sein, um alles, was da blüht und duftet, voll zu geniessen. Gerne macht man sich in der Nähe eines kleinen SCHNEE-BALLSTRAUCHES *(Viburnum carlesii)* zu schaffen, der den Garten mit köstlichem Wohlgeruch erfüllt. Da geht die Arbeit doppelt leicht. Unter einem Apfelbaum stehend, ist er bei uns beinahe zwei Meter hoch gewachsen und ist jedes Jahr von neuem mit kleinen Blumensträusschen übersät. Leider habe ich noch nicht herausgefunden was geschehen muss, damit die Zweige sich im Wasser halten. Wie schön wäre es, nur etwas von diesem Duft im Zimmer zu haben. Unser Schneeball ist je nach Witterung anfällig für Läuse; da hilft Basudine. Dies ist aber nicht jedes Jahr nötig. Hingegen treibt er jährlich wilde Triebe an seinem Standort aus. Diese müssen weggeschnitten werden, um dem Strauch keine Kraft zu entziehen. Etwas später blüht auch sein Verwandter *Viburnum tomentosum*. Ein herrlicher Strauch, der viel Platz und Freiheit fordert, um seine waagrecht angeordneten Äste ausbreiten zu können, auf denen in schönster Regelmässigkeit die weissen Blüten sitzen. Im Herbst färbt sich sein Laub rot. Wir wollen aber auch den Schneeball *Viburnum fragrans* nicht vergessen, der uns schon den Winter über, bevor er seine Blätter treibt, zarte, duftende weiss-rosa Blütchen spendet. Eigentlich fängt dieser Strauch genau in der Zeit zu blühen an, wenn man denkt, nun geht alles schlafen, und blüht je nach Kältegraden vom November bis in den März hinein.

Der FLIEDER *(Syringa)* folgt auf dem Fuss mit seinen Düften und vollen Blütentrauben, die sich verschwenderisch zum

Kolkwitzia

Schnitte bieten. Weiss einfach die MME. LEGRAY, weiss gefüllt die MME. LEMOINE, HUGO KOSTER dunkelviolett, und die *Syringa sweginzowii*, rötlich-lila. Ist die ganze Pracht des Gartenflieders vorbei, entdecken wir zu unserer Freude, dass noch einmal ein Fliederstrauch erblüht, nicht so hoch wie die oben genannten und feinblättriger und feinblütiger, hell-lila, die graziöse *Syringa persica*. Dass man das Verblühte am Fliederstrauch wegschneiden muss, ist wohl jedem bekannt. Manchmal ist das nicht ganz leicht, weil die Arme zu kurz sind. Will man Flieder einstellen, müssen die Stiele gequetscht werden, und nur ganz wenige Blätter dürfen am Zweig bleiben, sonst welken die Blüten sogleich.

Wer genug Platz hat und vor allem einen geschützten Ort, kann auch an eine MAGNOLIE *(Magnolia)* denken, die sich vom

Strauch bis zu baumartiger Grösse entwickeln kann. Ihre Blüten sind tulpenartig in der Form. Rosa-lila die *M. soulangiana,* dunkelpurpur die *M. nigra,* und weiss die *M. stellata,* um nur einige zu nennen. Leider schaden der leiseste Frost oder starke Regenfälle diesen grossgeformten, zarten Blüten sehr.
In letzter Zeit hat sich die *Kolkwitzia* bei uns sehr verbreitet. Begreiflicherweise, denn blüht sie, ist sie wie ein rosa-weisser Schaum, der sich ergiesst und in dessen Blütenbüschelchen die Bienen summen. Als dunkle Schönheit nenne ich den PERÜKKENSTRAUCH *(Cotinus purpureus).* Seine grünlich-gelben Blütenstände sind tatsächlich wie helle, strubbelige Perücken, herrlich die dunkelroten, runden Blätter.
Betrachten wir noch einige der niedrigen Sträucher. Fein und lange blüht die weisse DEUTZIE *(Deutzia gracilis),* oder die *Deutzia rosea* mit sanft hängenden Zweigen. Sie ist bereit, im Mai bis Juni immer wieder neue Blütenrispen zu öffnen. Ist sie dann verblüht, so muss man ihr die alten Zweige zum Teil ausschneiden. Breit wachsend und niedrig ist der sehr anspruchslose, orange blühende FEUERBUSCH oder SCHEINQUITTE *(Chaenomeles japonica* oder *Cydonia maulei).* So sehr er uns im Frühling durch seine stark farbigen Blüten erfreut, so sehr tut er dies auch im Herbst durch seine kleinen, harten Früchte. Diese sehen zwar mehr wie Äpfelchen aus als wie Quitten, aber sie sitzen sehr dekorativ an den leicht gewundenen Zweigen. Höher gewachsene Sorten sind die grossblumigen, feuerroten *Ch. cardinalis,* die dunkelrote *Ch. umbillicata,* und die reinweisse *Ch. nivalis.* Das FINGERKRAUT *(Potentilla fruticosa)* wird 150 cm hoch und spendet uns goldgelbe, kleine Anemonenblüten, die etwas weniger hohen *P. veitchii* weisse, und die vom Juni bis in den November blühende *P. fruticosa* «RED ACE», nur 50 cm hoch, leuchtend rote.
Wenden wir uns noch kurz den blühenden wilden Hecken zu, die sich so gut auf die gewünschte Höhe schneiden lassen, ohne

ein trostloses Aussehen zu bekommen: dem SCHWARZDORN *(Prunus spinosa)*, dem WEISSDORN *(Crataegus)* und dem silberblättrigen SANDDORN *(Hippophae rhamnoides)*, der im Herbst schönste orangefarbene Beeren trägt. Alles etwas stachlige, aber für Hecken ausgezeichnete Herrschaften. Auch das PFAFFENKÄPPCHEN *(Evonymus europaea)* sei hier erwähnt mit seinen hübschen kleinen Früchten im Herbst.

Nicht vergessen wollen wir das MAIGLÖCKCHEN *(Convallaria majalis)*, diesen duftenden Inbegriff des Wonnemonats. Ein paar wenige Blütenstielchen und Blätter genügen, um uns froh zu stimmen. Dabei sind sie anspruchslos und vermehren sich rasch durch Ausläufer. Man setze sie im Halbschatten dorthin, wo sie sich ausbreiten dürfen. Die roten Beeren im Herbst sind giftig, aber die Amseln lieben sie trotzdem und verbreiten die Samen.

Im Halbschatten blühen auch die ETAGENPRIMEL *(Primula pulverulenta)*, oder die pastellfarbene GARTENAURIKEL *(Primula hortensis)*, das STAUDEN-VERGISSMEINNICHT *(Brunnera macrophylla)*, 30 cm hoch, das überall gedeiht, wo Schatten ist, und die AKELEI *(Aquilegia)* in verschiedensten Farbkombinationen. An sonnigerem Platz öffnet sich auch die TAGLILIE *(Hemerocallis flava)*, goldgelb und 80 cm hoch. Am Rande unserer Beete zeigt der NELKENWURZ *(Geum)* seine gelben, orange oder roten anemonenartigen Blümchen. Als erstes blüht das gelbe *G. «bulgaricum»*, es folgt das *G. coccineum* «BORISI», rot-orange, oder das rote, gefüllte *G. chiloense* «MRS. J. BRADSHAW». Die Nachbarschaft von Orange und Rosa liebe ich ausgesprochen und habe darum unmittelbar daneben ein rosa FEDERNELKENPOLSTER gesetzt, das nicht höher wird als 20 cm, den *Dianthus plumarius* HELEN. Dann gibt es auch den reizenden D. ANNE, lachsrosa, oder den weissen D. «MRS. SINKINS» und den dunkelrubinfarbenen D. «WINSTON». Jeder suche sich selber aus, mit welcher Farbkombination er am glücklichsten ist. Die Pflänz-

Nelkenwurz

chen lieben die Sonne und lassen sich sehr leicht durch Teilen der Wurzelstöcke vermehren. Wenn wir ihnen die verblühten Blümchen von Zeit zu Zeit auskneifen, erhalten die vielen nachkommenden Knospen genügend Kraft, um sich zu öffnen. So blühen sie wochenlang, und der Duft ist unverkennbar.

Die NIESWURZ *(Helleborus)* trägt schon ihre Samenstände. Möchte man junge Pflänzchen ziehen, muss man warten, bis die Samen schön reif sind, und diese dann in einen Topf säen. Der Topf wird an eher schattigem Platz gerade so tief in die Erde versenkt, dass sein Rand ebenerdig zu liegen kommt. Dann geschieht lange nichts. Wenn man gespannt im nächsten Frühjahr nachschaut, ist man enttäuscht und denkt: «also nicht.» Aber wir warten noch etwas zu, auch weil's bequem ist, den Topf einfach im Boden zu belassen. Und siehe da – plötzlich erscheinen ganz kleine grüne Triebe, die wir vor allem vor den Schnecken zu schützen haben. Sind sie langsam – sehr langsam kleine Pflänzchen geworden, pikieren wir sie in Töpfchen, die wir nochmals in die Erde vergraben; die Erde in den Töpfchen bleibt dann schön feucht. Nach weiterem Wachstum setzen wir sie an den gewünschten Standort, immer hoffend, dass zum Beispiel aus dem dunkeln Helleborus THE SULTAN auch wirklich dunkle Sprösslinge entstanden sind. Aber wir wissen nicht, was die Bienchen da gemischt haben. Will man ganz sicher gehen, ist die Teilung der Pflanze die beste Methode.

Ebensoviel Geduld müssen wir aufbringen beim Aussäen der sehr reizenden Diptamsamen, diesen glänzenden, schwarzen kleinen Perlen. Bis ein selbstgezogenes Pflänzchen blüht, braucht es drei bis vier Jahre. Aber steht es dann wirklich da, ist die Freude gross.

Die ROSEN wollen ihr Schmierseifenbad. Auch dies ein Rat von Claire Hofmann. Auf einen Liter Wasser nehme man einen knappen Esslöffel Schmierseife und bespritze damit die Rosen tüchtig von allen Seiten, von oben und von unten, so dass sie

Nieswurz The Sultan
mit Samenstand

richtig durchnässt werden. Dies tut man am besten am Abend, wenn sie von der Sonne nicht mehr beschienen werden. Es schadet nichts, wenn auch die Erde etwas davon abbekommt. Diese Reinigung von Staub und Ungeziefer soll jeden Monat wiederholt werden. Jede nicht chemische Hilfe ist im Interesse des Umweltschutzes immer vorzuziehen. Trotzdem: Gute Erfahrung haben Freunde in der Nachbarschaft mit einem Gemisch von Wuxal als Nährstoffdünger, Horto Rose gegen Krankheiten und Basudine gegen tierische Schädlinge als Spritzung gemacht. Ihre Rosen sehen immer sehr gesund aus. Vielleicht ist hier zu sagen, das Erste tun und das Zweite nicht ganz lassen ein guter Rat. Ist der Boden etwas krustig und hart, tut ein leichtes Aufhacken Wunder. Auch kommt dabei das Unkraut mit heraus. Einige PRIMELN aber, oder die zierliche GLOCKENBLUME *(Campanula pusilla)*, oder das sehr lange blühende HORNVEILCHEN *(Viola cornuta)*, beide nur 10 cm hoch, belassen wir. Auch die kleine FETTHENNE *(Sedum cauticolum «Lidakense»)*, die im Herbst leuchtendrote Blümchen öffnet, stört unsere Rosen nicht.

Es blüht bereits die hochwachsende STRAUCHROSE *Rosa omeiensis pteracantha* mit ihren weissen, flachliegenden Blüten und den prächtigen roten Dornen. Auch die 2 m hoch wachsende STRAUCHROSE *Hugonis* öffnet ihren üppig fallenden gelben Blütenflor. Beide Pflanzen brauchen viel Platz, um sich schön entwickeln zu können.

«Vor Nachtfrost bist Du sicher nicht, bevor Sophie vorüber ist», 15. Mai. Ist sie vorüber, darf frohgemut alles in den Garten gesetzt werden, der SOMMERFLOR, die DAHLIEN und die TOMATENSETZLINGE. Auch die FUCHSIEN, die GERANIEN und das CITRONELLENBÄUMCHEN dürfen an die frische Luft. Letztere müssen wie die Oleander (siehe April) Dünger und frische, eher schwere Erde erhalten, und später verabreiche man ihnen zur Stärkung von Zeit zu Zeit Wuxal. Dem Citronellenbäumchen müssen die letztjährigen Zweiglein bis aufs alte Holz zurückgeschnitten werden, damit es neue treibt. Auch die FUCHSIEN werden im Frühling zurückgeschnitten.

Vorerst muss nun aber Platz geschafft werden in den Beeten. Wir warten gerne etwas zu, weil ein paar Tulpen noch so schön

Rose omeiensis pteracantha

blühen. Da haben es die gut, die im Boden bleiben dürfen, um ruhig auszureifen. Mit einigem Bedauern reissen wir die Vergissmeinnichte und Pensées aus. Ich lasse aber meist eine kleine VIOLA ORANGE TRAUM stehen, die hat eine herrliche Farbe und belebt damit noch eine ganze Zeit unser Beet.

Da die TULPEN nicht alle Kraft aus ihren Blättern und Stielen eingezogen haben, müssen wir sie vorerst diesen Prozess beenden lassen. Nach Sorten zusammengelegt und sorgfältig angeschrieben, wollen sie, an der Luft liegend, trocknen. Sind die Blätter dann ganz abgestorben, reinigen wir die Zwiebeln von allem Unnötigen und lagern sie luftig bis zur nächsten Neupflanzung.

Die entleerten Beete stechen wir, wo es geht, wieder um und geben Peruguano, Knochenmehl oder verrotteten Mist in die Erde, die von neuem so viel Blühendes ernähren soll. Und nun kann es losgehen mit der Bepflanzung. Die Hohen und die Niedrigen, alle wollen sie an ihren Platz. Die DAHLIEN werden nicht sehr tief gesetzt, dafür müssen wir sie schon jetzt mit einer Stütze versehen, damit wir sie im Laufe des Wachstums immer wieder hochbinden können. Der Sommerflor darf in die Beete gepflanzt werden, hier die COSMEEN, TAGETES, SALPIGLOSSIS, ZINNIEN, ASTERN, die niedrige, reizende gelbe SANVITALIA am Rande eines Beetes, so auch die blaue, höchstens 20 cm hohe LOBELIE *(Lobelia)*, deren Blau ihresgleichen sucht, dort die hohe TITHONIA, den einjährigen SOMMERRITTERSPORN und das LÖWENMAUL, oder das sehr schöne, margueritenähnliche, nur 30 cm hohe MITTAGSGOLD *(Gazania)*, das einen sonnigen Platz haben muss, weil es sonst seine crèmefarbenen, gelben, orange oder goldbraunen Blüten mit dunkler Zeichnung in der Mitte nicht öffnet, die VERBENEN und noch so vieles mehr, das sich uns in unbegrenzter Mannigfaltigkeit der Farb- und Formenwelt öffnen wird.

Es ist besser, wenn wir nicht jedes Jahr dieselben Pflanzen an denselben Ort setzen. Die Erde wird weniger ausgelaugt, wenn sie nicht immer den gleichen Bedürfnissen gerecht werden muss. Dies habe ich in meinem Garten besonders mit den Zinnien erfahren. Sie bekamen nach Jahren plötzlich einen Pilz und welkten viel zu früh dahin. Dies geschah im nächsten Jahr in neuer Erde nicht mehr.

Das Neugesetzte muss gut und liebevoll gegossen werden. Es ist von Vorteil, wenn wir die Pflanzlöcher an sehr sonnigen Stellen jeweils vorher mit Wasser tränken, und bei warmem und sonnigem Wetter müssen die Setzlinge die ersten zwei Tage durch Zeitungspapier vor dem Sonnenschein geschützt werden. Abends sind die Zeitungen zu entfernen, damit der Tau die Pflänzchen netzt.

Die GLADIOLEN wollen gesetzt sein, tief genug.

Der RASEN muss von nun an regelmässig geschnitten werden.

Das geschnittene Gras lege man auf die Himbeer- oder Johannisbeerbeete. Es hält den Boden leicht feucht und düngt zugleich etwas, wenn auch nur wenig. Natürlich darf der Rasen nicht zu hoch gewachsen sein, sonst streuen wir Unkraut mit in unsere Beeren.

Wächst das sehr reizvolle CHRISTOPHSKRAUT *(Actaea alba),* 30 cm hoch, an eher schattigem Ort in unserem Garten, müssen wir ihm zeitig etwas Hauerts Gartensegen, einen Dünger für die Verbesserung des Bodens, streuen. Und später, wenn die Blätter sich entfalten, bespritze man sie mit Pirox fluid, einem Mittel zur Verhütung der Rostflecken. Ganz ohne diese Flekken habe ich zwar nie eine Pflanze halten können, aber im Herbst ist sie so schön mit den roten Stielen und weissen Beeren, dass ich sie trotzdem nicht missen möchte. Viel robuster sind die *A. spicata* mit schwarzen und die *A. rubra* mit roten Beerenständen.

Wenn es sicher nicht mehr friert, legen wir in einer stillen, schattigen Ecke unseres Gartens, vielleicht unter Farnkräutern, ein kleines Blumenspital an, oder nennen wir es besser ein Wartezimmer. Dorthin kommen unsere CYCLAMEN, die wir besonders gerne mochten. Wir graben sie nur ganz wenig ein, damit sie der Wind nicht umwerfen kann, denn nun vergessen wir sie ganz einfach bis zum August. Dann geben wir ihnen neue, lockere, mit Sand und Knochenmehl vermischte Erde und giessen sie von Zeit zu Zeit. Die Cyclamenknollen müssen aus der Erde herausschauen, sie wollen nicht zugedeckt sein. Nehmen wir im Herbst die Töpfe an unsere Fenster, werden sie uns durch ihre sehr ausdauernde Blütezeit erfreuen. Ich giesse sie immer von unten und habe gute Erfahrungen damit gemacht – aber hier streiten sich die Götter! Andere schwören darauf, dass nur von oben gegossen werden darf. Es ist wohl wichtiger zu merken, ob sie durstig sind oder nicht.

Werfen wir einen Blick in den KRÄUTERGARTEN, er darf nicht

fehlen. Wie köstlich ist es, frisch aus den Beeten in die Suppe, über die Kartoffeln, zum Fisch und zum Fleisch und in den Salat etwas aromatisches Grün zu holen.

Der SCHNITTLAUCH gedeiht ohne jegliche Schwierigkeiten, er muss nur hin und wieder umgepflanzt und dabei geteilt werden. Blühenden Schnittlauch auf Handbreite über dem Boden zurückschneiden.

Die PETERSILIE will gute Gartenerde haben und darf nicht zu trocken stehen. Sie wird Ende März, Anfang April ausgesät. Beim Pflücken immer das Herz eines Pflänzchens belassen.

Auch der DILL wird Anfang April ausgesät. Er wird bis 1 m hoch und sorgt von selbst für Nachwuchs im nächsten Jahr.

Den ESTRAGON, so unentbehrlich für den Salat, kauft man am besten als kleine Pflanze auf dem Markt, aber es ist sehr darauf zu achten, dass er ein starkes, gutes Aroma hat, er existiert auch ohne Geschmack.

Das BASILIKUM hole man sich auch auf dem Markt oder beim Gärtner. Es ist heikel und gedeiht nicht überall.

Das BOHNENKRAUT, sein Name sagt es schon, würzt unser Bohnengemüse, kann Ende April ausgesät werden, an sonnigem oder halbschattigem Platz.

Ganz ohne Probleme wächst die Staude LIEBSTÖCKEL. Bei uns steht sie bis 1 m hoch wachsend bei den Brombeeren und wird heruntergeschnitten, wenn sie zu üppig wird. Sie wächst gleich wieder nach und spendet von neuem Blättchen mit starkem Maggi-Aroma.

THYMIAN und SALBEI sind ebenfalls Stauden, beide sehr ausdauernd, und jede Hausfrau weiss, dass man ohne sie nicht auskommen kann. Unsern speziell stark duftenden Thymian brachte ich einst aus Frankreich mit, er hat unsere rauhen Winter stets gut überstanden.

Der ROSMARIN gehört zu den Gehölzen und sollte ganz geschützt stehen. Er kann Jahrzehnte alt werden. Aber trotzdem geschieht es leider auch, dass er in einem strengen Winter erfriert und wir warten müssen, bis ein neues Pflänzchen uns wieder kleine Zweige spendet.

Gehören WALDMEISTER und PFEFFERMINZE auch in unsern Kräutergarten? Sie fragen erst gar nicht lange, sondern ziehen, einmal gesetzt, munter ihrer Wege. Ersterer für die Maibowle, er hat sich zu Füssen des KNÖTERICHS und zwischen Farne gesetzt und scheint sich dort sehr wohl zu fühlen. Die Pfefferminze ist auch ausgebrochen aus ihrem Bestimmungsort und zieht zwischen Stauden ihre Bahn. Der Tee ist zu gut, als dass man es ihr wehren möchte.

An Wänden, Pfeilern oder in alten Bäumen klettert das GEISSBLATT hoch, die *Lonicera caprifolium*, gelb und rosa, und duftend, oder die weniger bekannte *Akebia quinata* mit ihren kleinen, braunvioletten Blütchen wie aus Wachs. In einem heissen Sommer entwickelt sie einige zwetschgenfarbige Früchte so gross wie Enteneier, aber nur, wenn sie mit einer zweiten Akebia ihre Ranken verweben kann. Sie schätzt einen sonnigen Standort.

Juni

Mich fasziniert die weisse Farbe immer besonders. Weiss ist herrlich variabel; es ist leuchtend, trocken kalkweiss, schimmernd oder ganz in sich gezogen, beinahe dumpf, makellos und rein. Weiss erhöht auch den Reiz seiner nachbarlichen Farben und bringt ihre Intensität oder Zartheit zum Klingen. Das scheint ein Gesetz der Palette zu sein. Wenn im Juni an der Ostwand des Hauses die weisse KLETTERROSE VIRGO blüht, daneben die weisse CLEMATIS MME LE COULTRE sich öffnet und davor die grossblumige weisse IRIS TRANQUILITY unbeweglich steht, die weissen DIPTAMRISPEN duften und die 80 cm hohe GLOCKENBLUME *(Campanula persicifolia grandiflora alba)* ihre weissen Glocken zeigt, ist das einer der schönsten Momente in unserem Garten, den man festhalten möchte. Die Pflanzen machen jedoch alle genau das, was sie wollen, zusammen mit dem, was ihnen das Wetter diktiert.

Die ersten ROSEN, die sehnlichst erwarteten, blühen und sind hoffentlich dank unseres Seifenwasserbades gesund. Zu den frühblühenden gehören die stark duftende, dunkelrote ETOILE DE HOLLANDE, die weisse VIRGO, die bis zum Frost durchhält, die kirschrote GENERAL MC.ARTHUR und die gesunde, bis 60 cm hoch wachsende, buschige, rein gelbe Teehybride KING'S RANSOM. Jedes Jahr beim Anblick dieser ersten erstaunlichen Blüten kommt mir der Ausspruch Martin Luthers in den Sinn: «Wenn ein Mensch das vermöchte, dass er eine einzige Rose machen könnte, so sollte man ihm ein Kaiserreich schenken.»

Wenn die SPARRIESHOOP günstig steht, schenkt auch sie uns bereits Rispen ihrer einfachen rosa Blüten. Wir dürfen sie für

Rose Sparrieshoop

die Vase schneiden, denn sie öffnet auch im Wasser jede Knospe und ist selbst noch im Herbst ausserordentlich blühwillig. Auch die STRAUCHROSE GOLDEN WINGS, 120 cm hoch wachsend, erfreut uns schon früh durch ihre weitgeöffneten, einfachen gelben Blüten mit den langen, bronzefarbenen Staubfäden in der Mitte. Die MOOSROSE CRISTATA CHÂPEAU DE NAPOLÉON streckt bei warmem, sonnigem Wetter ihre hundertblättrigen rosa Blüten aus ihrer sehr dichten Verhüllung. Und wer gerne noch eine frühe Floribunda besitz, tut gut daran, wenn er sich die allem Regenwetter trotzende, in Büscheln blühende goldgelbe, gefüllte Rose ALLGOLD pflanzt.

Ist der Juni schon heiss, muss zwischen den Rosen und in allen andern Beeten die Erde gelockert werden, denn EINMAL GEHACKT IST ZWEIMAL GEGOSSEN. Meistens kommt man trotzdem an sonnigen Lagen ums Giessen nicht ganz herum. Im grossen und ganzen lieben die Blumen kalte Duschen ebensowenig wie viele Menschen. Die Giesskanne zu gebrauchen ist mühsamer als der Gartenschlauch, aber liebevoller, besonders wenn das Wasser sonnenwarm ist. Rosen sollten nur von unten gegossen werden. Ich lege manchmal den Gartenschlauch mit der Brause daran ins Beet hinein und lasse das Wasser sanft laufen. Wird dieser hin und wieder verschoben, kann auch ein grösseres Beet genügend Feuchtigkeit erhalten. Entdecken wir Pflanzen, die eine stärkende Hilfe nötig haben, verabreichen wir ihnen Wuxal mit der Giesskanne oder je nach Bedürfnis auch den Flüssigdünger Ledax-al.

In diesem Monat müssen wir unbedingt damit beginnen, an allem, was da blüht, das Verwelkte auszuschneiden, weil so die Kraft in die nachfolgenden Knospen geht. Bei den *Iris barbata*, zum Beispiel der rehbraunen I. STARBURST, oder der ganz dunkel violetten I. NIGHTSIDE, der gelben I. SUN MIRACLE oder der hellblauen I. WENATCHEE SKIES lohnt es sich, die verblühten Blumen sorgfältig auszukneifen. Sie öffnen dann noch jede

Schwertlilie
Starburst

Knospe, auch in der Vase. Bei den Rosen wird dies nun zur Pflicht für die ganze Zeitspanne bis zum Frost. Eine Ausnahme bilden natürlich die Strauchrosen, die uns im Herbst schönste Hagebutten liefern, wie die *Rosa moyesii,* die sehr schöne, lange Früchte reifen lässt, oder die robuste *Rosa rugosa* mit ihren kugeligen Hagebutten.

Wie üppig stehen die PFINGSTROSEN *(Paeonia)* in grosser Auswahl in den Gärten. Crèmeweiss die DUCHESSE DE NEMOURS, crèmerosa die BARONESSE SCHROEDER und karminrot die einfachblütige *officinalis* und so viele andere mehr. Sie werden ungefähr 80 cm hoch und müssen je nach Lage locker aufgebunden werden, weil starke Regengüsse sie niederdrücken. Von ganz besonderer Pracht ist die BAUM-PFINGSTROSE *(Paeonia arborea).* Sie liebt den Halbschatten. Die ELISABETH, 120 cm hoch, gefüllt, rosa mit dunkler Mitte, überlebt uns alle und kann von Generation zu Generation vererbt werden. Die YASO OKINA mit ihren grossen, ungefüllten weissen Blüten ist von besonderer Schönheit. Wenn sie blüht, wird sie von dunkelgrünen, glänzenden Käfern aufgesucht. Sie hat uns viele Jahre erfreut. Dann wurde sie plötzlich von der Welkkrankheit (Botrytis) befallen. Gegen diese Krankheit ist kein Kraut gewachsen. Man muss das Welke ausschneiden und verbrennen und hoffen, dass neue, gesunde Triebe nachwachsen. Leider stirbt die Pflanze manchmal ganz ab. Verpflanzen ist nicht ratsam. Als Düngung sollten die Pfingstrosen gut verrotteten Kompost erhalten, keinen Mist.

Wünschen wir uns Blau in unsere Beete, stehen uns die herrlichsten RITTERSPORNE *(Delphinium)* zur Verfügung in allen Variationen dieser Farbe. Wenn wir ihnen die verblühten Rispen wegschneiden, wachsen bis im Herbst eventuell neue nach. Von Zeit zu Zeit sollte man den Rittersporn auch verpflanzen, er verkümmert sonst oder geht sogar ganz ein. Dann wäre da auch die OCHSENZUNGE *(Anchusa italica)* zu erwähnen, die des Abends unwahrscheinlich stark leuchtet, sie wird 80 cm hoch, oder die BREITGLOCKE *(Wahlenbergia, Platycodon)* mit ihrem eigentümlich massiven Wurzelwerk. Diese sternförmigen Glockenblumen öffnen sich weit, nach oben schauend, und sind je nach Sorte 60 cm hoch oder niedrig wachsend. Um noch

Steinsame

ein kleines, nur 25 cm Höhe erreichendes blaues Pflänzchen zu nennen, sei der auch an schattigem Platz gedeihende STEINSAME *(Lithospermum)* genannt, der im Tessin wild wächst, oder die graulaubige, 30 cm hohe KATZENMINZE *(Nepeta mussinii)*. Vom EHRENRPEIS *(Veronica)* gibt es viele reizende Arten; die *V. hendersonii* steht als Nachbarin schönstens zur intensiv duftenden KÖNIGSLILIE *(Lilium regale)*.

Immer wieder erleben wir, dass Zufälle in den Gärten eine grosse Rolle spielen und mithelfen, sie lebendig zu gestalten. Versamtes wächst, wo es will und steht da, wo wir es nie hingesetzt hätten. Niemals würde ich unseren FEDERMOHN *(Bocconia cordata, Macleaya cordata)*, unter den Kirschbaum gepflanzt haben. Er hat sich selbst dorthin gesetzt und wächst nun einem Mäuerchen entlang mit seinen feinen rosa-beigen Blütenrispen und eigenartigen Blättern, die auf der Oberseite blau-grün und auf der Unterseite silberweiss sind, 2 m hoch bis in den Kirschbaum hinauf. Wie schön das aussieht! Wir können uns zwar nun nicht mehr aufs Mäuerchen setzen, aber eine Gartenbank tut's auch. Eine Überraschung bietet uns auch der FINGERHUT *(Digitalis)*, der sich unerwartet zwischen den Stauden erhebt und dort Farbe hinbringt, solange in diesem Monat noch das Grün vorherrscht. Auch die KAMILLE *(Matricaria)*, die in unserem Garten immer wieder da oder dort auftaucht, seitdem sie einmal darin geblüht hat mit ihren weissen, kugeligen Blümchen, und irgend ein MOHN *(Papaver)* können uns freudig überraschen. Manchmal auch will eine geschenkte oder gekaufte Pflanze (wir konnten nicht widerstehen) ungeplant untergebracht werden – und wie reizend steht oft gerade sie zur Nachbarschaft!

Der Juni bringt uns zwei ganz besondere Erlebnisse. Als erstes sei der DIPTAM *(Dictamnus caucasicus* und *albus)* erwähnt. Zwei Bedingungen allerdings müssen zusammentreffen, soll folgender Zauber gelingen: In einer windstillen und warmen Nacht begebe man sich mit einer Streichholzschachtel zur blühenden Pflanze und halte ihr ein brennendes Streichholz unter die Blütenrispe. Sogleich flammt das Feuer an ihr hoch – erlischt – und die Blüten stehen zu unserem Erstaunen unversehrt und gelassen da wie zuvor. Nicht jedes Jahr will dies gelingen, ist es doch entweder zu kühl oder es geht ein Lüftchen.

Das zweite, uns jedes Jahr immer wieder neu betörende Ereig-

Ölweide

nis ist die Blütezeit der ÖLWEIDE *(Elaeagnus salicifolia)*. Dieser baumartige Strauch ist bei uns 6 m hoch geworden und hat sich phantasievoll nach allen Richtungen ausgedehnt. An seinen sehr stacheligen Zweigen hängen feine, silbergraue Blätter, und jetzt im Juni öffnen sich unzählige unscheinbare gelbe Blütchen, deren herrlicher Duft die ganze Gegend durchströmt.

Juli

Bis Anfang Juli sind die LAVENDELBLÜ-TEN grade so weit, dass man sie schneiden kann. Will man sie für Lavendelsäckchen verwenden, sollten sie noch nicht ganz aufgeblüht geerntet werden. Wir können einen Teil der Blüten stehen lassen, um uns auch im Garten des Duftes zu erfreuen und all der darin summenden Bienen. Ist alles ganz verblüht, muss ziemlich tief zurückgeschnitten werden, zum Teil bis aufs Holz; der Lavendel treibt von neuem aus.
Wir haben in diesem Monat immer wieder aufzubinden was da wächst, und das ist eine Arbeit, die sehr sorgfältig getan sein will. Für höhere Stauden verwende man mehr als eine Stütze, damit die Pflanze möglichst locker gebunden werden kann. Von Zeit zu Zeit müssen der Bast oder die Kokosschnur etwas fester angezogen werden, aber es ist auf jeden Fall gut, wenn nie zu straff zusammengezogen wird.
Nun blühen sie, unsere EDELROSEN *(Teehybriden)*, die wir ins Rosenbeet oder auch zu niederen Stauden gesetzt haben, was übrigens sehr gut aussieht. Die dunkelrote und bis zum Frost immer wieder neue Knospen treibende PHARAO oder die ebenfalls

Lavendel

dunkle und duftende MISTER LINCOLN, die in England beliebte sattrosa JUNE PARK, die 1959 den Duftpreis erhielt, und die sehr winterharte weisse PASCALI oder die weisse VIRGO. Bei uns hat es auch immer mauvefarbene Rosen im Garten, die MAINZER FASTNACHT oder die 1963 aus Spanien eingeführte INTERMEZZO. Als Stammutter vieler Teehybriden möchte ich aus dem grossen Reichtum, der uns zur Verfügung steht, die kanariengelbe Rose mit karminrotem Rand, die MADAME A. MEILLAND, erwähnen. Sie öffnet ihre Knospen im Juli und im Herbst.

Mitte Juli nach der ersten Blütezeit müssen die Rosen wieder eine Stärkung erhalten in Form eines Rosendüngers, den wir leicht einhacken. Auch das Seifenwasserbad darf nicht vergessen werden, seien es nun Floribunda- oder Polyantha-Rosen oder Teehybriden. Entdecken wir Läuse oder Raupen, können wir sie mit den Fingern zerdrücken, das erspart eine chemische Spritzung.

Immer wieder wandern wir zu unsern so freigiebigen STRAUCHROSEN: zum SCHNEEWITTCHEN, das uns bis in den November hinein unermüdlich seine weissen Blüten spendet, zur silberrosa und stark wachsenden NEW DAWN, zur reinweissen MADAME HARDY, die in ihrer flachen, gefüllten Blüte eine jadegrüne Mitte präsentiert, zur feurigroten GRUSS AN HEIDELBERG und zu den REMONTANTROSEN BARONESSE DE ROTHSCHILD, deren Blüte uns mit einem exquisiten Rosa erfreut, und zur FERDINAND PICHARD, rot mit weissen Streifen. Ob all der Pracht ist die kleine grüne CHINAROSE *Viridiflora* nicht zu vergessen. Sie ist sehr winterhart, hält sich lange im Wasser und gibt jedem Strauss eine eigene Note.

Auch das Kultivieren von ROSENSTECKLINGEN kann jetzt getätigt werden. Manche Gärtner fangen damit schon im Juni an, andere erst im August; so kann der Juli nicht ganz falsch sein. Von einjährigem Holz schneide man 20–25 cm lange, bleistift-

Rose Viridiflora

dicke Triebe. Die Triebspitze wird weggeschnitten, da sie noch nicht reif ist; man belasse nur die zwei nachfolgenden Blätter und schneide alle andern ab; nicht wegreissen, um die Blattachsen nicht zu verletzen. Im späten Herbst ist es auch ohne Blätter möglich. Die Stecklinge werden angefeuchtet und, soweit vorhanden, in Hormonpulver getaucht. Das ist jedoch fakultativ. Dann stosse man sie 10–15 cm tief in sandige Erde, die sehr gut festgetreten werden muss; dies ist wichtig und muss im Frühling eventuell wiederholt werden. Nach etwa 14 Monaten werden die Stecklinge dann an Ort und Stelle gepflanzt. Sie haben anfänglich nicht so starke Wurzeln wie die gekauften Pflanzen. Bei diesen stammt das Wurzelwerk von der Wildrose, sie haben jedoch den Nachteil, dass immer wieder höchst unwillkommene Räubertriebe emporschiessen, die weggerissen werden müssen.

Diese Art Stecklinge zu bewurzeln gelingt gut bei BOTANISCHEN ROSEN: CENTIFOLIEN, MOOSROSEN, STRAUCHROSEN und KLETTERROSEN. Schwieriger ist es, von Teehybriden Stecklinge zu ziehen. Doch kenne ich eine Gärtnerin, der auf genau dieselbe Art das Ziehen von Edelrosen gelingt. Sie steckt die Stecklinge in ihr Rosenbeet und stülpt ein Einmachglas darüber. Von Zeit zu Zeit wird gegossen – das ist alles. Sie ist eine Gärtnerin mit grünen Fingern.

Im Halbschatten öffnen sich die TAGLILIEN *(Hemerocallis)*, die sich gerne vermehren. Die neueren Sorten müssen aber mindestens fünf Stunden Sonne haben. Schon im Juni blühte die nur 30–40 cm hohe gelbe *H. minor*. Es folgen unter anderen die zitronengelbe *H. citrina*, die orange *H. kwanso fl. pl.* und die dunkle *H.* BLACK FRIAR, letztere alle 70 cm hoch. Auch der 80 cm hohe rote KNÖTERICH *(Polygonum amplexicaule)*, der sich zu breiten Pflanzen ausweitet, steht schon in Blüte und wird es bis Ende November sein. Im Halbschatten sollten auch die 50 cm hohen STERNDOLDEN *(Astrantien)* stehen, die in kleiner

Taglilie Black friar

Form in unseren Bergwiesen wachsen. Sie blühen lange, müssen aber verblüht am Boden abgeschnitten werden, weil die Blättchen und Stiele läuseanfällig sind.

Möchten wir bei gewissen Stauden, zum Beispiel beim *Helenium* oder beim *Phlox,* die Blütezeit verlängern bis in den späten Herbst hinein, köpfen wir einen Teil der Triebe jeweils um 10 cm, dann treiben sie an diesen Stielen später neue Knospen.

Sterndolde

Erstaunlich ist immer wieder, wie bedürfnislos und äusserst trocken gewisse Pflanzen zu wachsen und zu blühen vermögen. Da ist der BÄRENKLAU *(Acanthus)*, der an Stellen wächst, wo kaum Regen hinkommt. Die Acanthusdistel hat zwar den Nachteil, dass sie unbezähmbar wuchert, und ich wollte sie deshalb schon aus meinem Garten verbannen. Aber an diesem Platz würde sonst kaum etwas gedeihen, und sie erinnert mit ihrem klassischen Blatt und den 1 m hohen weiss-rosa Blüten-

Helenium

rispen so schön an Griechenland. Um ihrer Ausbreitung Einhalt zu gebieten, haben wir im Boden ein Blech versenkt. Der Halbstrauch BLAURAUTE *(Perovskia atriplicifolia)* treibt an der Sonne seit Jahren unter Steinplatten wurzelnd seine weissfilzigen, blauen Blütenrispen hervor, und die SCHAFGARBE *(Achil-*

lea ptarmica) begnügt sich ebenfalls mit wenig Feuchtigkeit und spendet kalkweisse, gefüllte kleine Blüten bis im September und ist zudem eine gute Schnittblume. «Was der Juli nicht kocht, kann der September nicht braten.» Uns hat er genau auf den Ferienbeginn hin die Kirschen, die Himbeeren und auch noch die Johannisbeeren reifen lassen. Man möchte sich viel lieber für die Ferien vorbereiten. Aber im Winter sind wir froh, diese Früchte wie frisch aus der Tiefkühltruhe holen zu können, und so machen wir uns an die Arbeit. Im Grunde verlassen wir unsere blühenden Gärten nie gerne. Es kann zu trocken werden, während wir fort sind, oder nach einem Sturm fordern Stauden und Sommerflor neues Aufbinden. Wuxal giesst in der Zwischenzeit auch keiner denen, die es nötig haben, und jäten will sowieso niemand. So tun wir dies alles vorbeugend vor unserer Abreise, schneiden den Rasen, lockern den Boden und säen noch die Pensées in Kistchen, die uns eine freundliche Nachbarin pflegt.

Knöterich

Schafgarbe

Zinnie haageana

AUGUST

Zinnie elegans

An den Anfang dieses Monats möchte ich das Wort Bettina von Arnims setzen: «Tanzen die Blumen nicht – singen sie nicht!» Voller Leben wenden sie sich der Sonne zu in allen Farben, die niedrigen und die hohen, die grossen und die kleinen,

Felberich

und wir haben nur noch mit der Erhaltung all dieser Schönheit zu tun. Der Sommerflor leistet sein Bestes: die Zinnien, der einjährige Rittersporn, die duftenden Levkojen, die Tagetes, die kleinen Sanvitalien und wie sie alle heissen.

Die winterharte FUCHSIE *(Fuchsia gracilis)* neigt sich graziös über den blauen LEIN *(Linum perenne),* und die 50 cm hohe GELENKBLUME *(Physostegia virginiana «Vivid»)* steht bereit, ihre rosafarbenen, senkrecht wachsenden kleinen Rispen zu öffnen. Wie ihr Name sagt, hat jedes Blütchen ein Gelenk und kann sich nach allen Richtungen drehen, ohne Schaden zu nehmen. Aus dem Halbschatten richtet der weisse FELBERICH *(Lysimachia clethroides)* seine Blütenrispen zum Licht. Er gehört auch zu den Pflanzen, die «weiterwandern». Aber er ist leicht zu bändigen durch Abstechen des Zuvielen. Der glühend farbige PHLOX kündet uns bereits den Herbst an. Es gibt schon im Juni und Juli blühende Sorten, aber ich ziehe die späteren Arten vor, eben weil sie an das Ende des Sommers gemahnen. Aus grünem schützendem Fuss, sei es ein Sträuchlein oder das Immergrün der SCHLEIFENBLUME *(Iberis),* ragt der braungelbe TÜRKENBUND *(Lilium henry)* empor. Er kann 2 m hoch werden, prachtvoll. Mir allerdings gelang diese Üppigkeit noch nie, und ich habe bis jetzt nicht herausgefunden, woran das liegt. Das CHRISTOPHSKRAUT *(Actea alba)* mit seinen weissen Beeren und roten Stielen und die *A. rubra,* die im Frühjahr bescheiden blühten, sind jetzt eine Überraschung.

Wenden wir uns noch den Schattenpflanzen zu. Das SCHAUBLATT *(Rodgersia aesculifolia)* und vor allem die *Rodgersia tabularis* entwickeln ihre riesigen Blätter, die einen Durchmesser von über 60 cm erreichen können. Das KREUZKRAUT *(Ligularia wilsoniana, Senecio)* mit den bis 1 m hohen gelben Blütenrispen, und die *Ligularia clivorum* mit den orangegelben, arnikaartigen Blumenbüscheln, sie alle gehören mit ihren Prachtsblättern zu den unentbehrlichen Solitärstauden, die unsere Gärten ungemein bereichern. Allerdings fordern sie einen feuchten und sehr nahrhaften Boden.

Bescheiden nimmt sich dagegen die FUNKIE *(Hosta)* aus, die unsere schattig gelegenen Beete einfasst, breit und grosszügig die dunkelgrüne *H. fortunei obscura,* bis 50 cm hoch, die etwas niedrigere *H. sieboldiana glauca* mit blaugrünen Blättern, und die weiss-grüne *H. japonica albo marginata.* Die Blüten sind nicht massgebend, aber wir sind diesen Pflanzen dankbar für ihr gesundes grünes Leben bis in den Spätherbst hinein. Achtung jedoch vor den Schnecken.

Es würde in unserem Garten eitel Freude herrschen, wenn es dem Ungeziefer darin nicht so sehr gefiele. In den Dahlien hocken die «Ohrenmüggler», Ohrwürmer, die die jungen Triebe und auch die Blüten wenig schön anfressen, die Läuse treten da und dort auf, und die Schnecken treiben weiterhin ihr Unwesen. Sehr eigentümlich benimmt sich in einer Ecke unseres Gartens der Dickmaulrüssler. Er frisst an einer Paeonie und am danebenstehenden Salomonssiegel, der sich in einer breitwachsenden alten Iberispflanze angesiedelt hat, die Blätter vom Rande her ab, und dies erstaunlich regelmässig, wie ein Festonmuster. Der Dickmaulrüssler ist schwer zu bekämpfen, da er nur des Nachts aus seinem Versteck herauskommt. Seine weisslichen Larven überwintern im Boden und fressen an den Pflanzenwurzeln. Den Phlox kann eine andere Krankheit, die Älchenkrankheit plagen, die er durch gekräuselte Blätter anzeigt.

All dem muss mit Mass immer wieder gesteuert werden. So seien hier einige Mittel gegen tierische Schädlinge genannt, die zum Teil schon im Frühling zur Anwendung kommen. Gegen Bodenschädlinge wie Larven oder Eiablagen giesse man Alaxon D. Die Läuse werden mit Basudine oder Deril bekämpft. Auch das Bestäuben mit Pirox oder mit Gesarex ist nützlich, denn dem Ungeziefer behagt dies nicht. Leider gibt es kein Mittel, um die Älchen vom Phlox zu vernichten. Da hilft nur das Ausgraben und Verbrennen der Pflanze mitsamt den Wurzeln. Die Schneckenkörner gegen die Schnecken sind uns bekannt, und gegen die Dickmaulrüssler spritze man, sobald sich Frass-Spuren zeigen, gründlich mit 0,2% Sum 79.

Gegen Mehltau wenden wir Horto Rose, Gesal oder Paraderil an. Es kann auch mit einer Spritzung von Cupromaag geholfen werden. Dem Grauschimmel, Botrytis, versuchen wir mit vor-

Phlox

Christophskraut

beugenden Sum 79-Spritzungen zu begegnen. Bei auftretendem Rost ist eine Bespritzung mit Hortosan, Pirox fluid oder Zineb Geigy zu empfehlen.

Viele andere Mittel stehen uns zur Verfügung, aber wir müssen uns bemühen, mit den natürlichen Hilfsmitteln wie Seifenwasserwaschung und Ablesen des Ungeziefers auszukommen, um Schadinsekten zu bekämpfen.

Bei den HIMBEEREN werden die alten Rauten am Boden weggeschnitten und verbrannt. Die Beeren wachsen im nächsten Jahr an den jungen Trieben. Die BROMBEEREN weisen schon

recht lange junge Ranken auf, die wir etwas festbinden, um
möglichst unzerkratzt die Beeren, die nun reifen, ernten zu
können.

Die ROSEN geben wenig zu tun, nur das Verblühte ist wegzu-
schneiden, die Erde etwas zu lockern, und wir prüfen ihr
Wohlergehen.

GERANIENSTECKLINGE: Von der Mutterpflanze schneide man ungefähr 15 cm lange, nicht zu weiche Triebe ohne Blütenknospen weg. Mit einem guten Messer wird dann unter dem dritten Blattansatz der Stiel scharf abgeschnitten, und die grössten unteren Blätter verbleiben, etwas gestutzt, damit sie weniger Kraft beanspruchen. Die Stecklinge werden in ein kleines, mit Sand gefülltes Blumentöpfchen, in das man unten eine Tonscherbe gelegt hat, damit das Wasser gut abfliesst, bis zum nächsten Blattansatz tief in den Sand gesteckt. Das Ganze wird auf ein Tellerchen gestellt und ein kleiner Plastiksack darübergestülpt, der Feuchtigkeit und Wärme zusammenhält, wie ein kleines Treibhaus. Der Topf kann nun im Garten oder am Fenster stehen, warm, aber nicht der prallen Sonne ausgesetzt. Von unten nur wenig giessen, bis die zarten Wurzeln durch den Sand stossen. Man neigt dazu, zuviel zu wässern; es dürfen ruhig einmal ein, zwei sehr trockene Tage eingeschoben werden, da der kleine Plastiksack ein gänzliches Austrocknen ja verhindert. Wenn sich die Wurzeln gebildet haben, entferne man den Plastiksack und setze die Pflänzchen in grössere Töpfe mit sandiger Erde, und definitiv dann in eher schwere Erde. Geranien lieben Düngung, am besten ist «Gülle». Da diese aber nur selten vorhanden ist, verwende man Brühe aus Hühnermist oder Wuxal, oder Ledax N (getrocknetes Tierblut).

September

Die Kraft des Sommers ist gebrochen, und doch leuchtet in allem noch ein farbenfroher Lebenswille.

Aufgeblüht ist im Halbschatten die SILBERKERZE *(Cimicifuga japonica),* über deren dichtem Blattwerk 1 m hohe, weisse Ähren emporwachsen, die sehr eifrig von Bienen heimgesucht werden. Auch der kräftige EISENHUT *(Aconitum arendsii)* steht mit seinen dunkelblauen Blüten in der Nähe. An sonnigerem Platz öffnet die liebliche, 1 m hohe *Anemone japonica* ihre reinweissen, einfachen Blüten, von denen man nie genug haben kann, rosa-lila ist die A. KÖNIGIN CHARLOTTE. Der SONNENHUT *(Rudbeckia neumannii)* hält sich bis in den Oktober hinein, wenn wir ihn regelmässig ausschneiden; sein Vorteil ist die lange Blütezeit. Viel aparter, aber weniger ausdauernd ist die *R. purpurea,* sie blüht im Juli und August. Auch

Silberkerze

Sonnenhut

alle farbenfrohen HERBST-ASTERN, die hohen und die niedrigen, die gross- und die feinblütigen helfen mit, die nahende herbstliche Pracht zu steigern. Die Auswahl ist zu gross, als dass ich Namen nennen möchte. Am besten ist es, zur Blütezeit eine Gärtnerei zu besuchen, um zu finden, was man gerne haben möchte. Dies alles verbindet sich mit den DAHLIEN, der 140 cm hohen, seerosenartigen D. GERRIE HOEK, die, in einer flachen Schale zusammen mit dem Blatt der BOCCONIA eingestellt, wirklich wie eine Seerose wirkt. Der kurze Stiel des Bocconiablattes muss im Wasser zwei bis dreimal hintereinander etwas geschnitten werden, bis er keinen orange Saft mehr verliert, dann hält es sehr gut in der Vase. 150 cm hoch ist die grossblumige weisse D. SILVER CITY, von gleicher Höhe ist die purpurviolette D. REQUIEM, nur 1 m hoch die schwarzrote D. ARABIAN NIGHT, noch kleiner die rotlaubige D. ROQUENCOURT und rosa gefüllt die 40 cm hoch wachsende D. ROULETTE, um einige zu nennen.

«Am 8. September zu Maria Geburt ziehen die Schwalben furt.»

Dahlie
Roquencourt

Bei den ROSEN stellen wir vielleicht den Sternrusstau, den Rost oder den Mehltau fest. Dann müssen wir sie mit Horto Rose oder Hortosan spritzen, alle kranken Blätter ablesen und die, die auf der Erde liegen, sammeln und verbrennen. Sie dürfen nicht auf den Kompost geworfen werden! Damit das neue Holz widerstandsfähig für den Winter werde, streuen wir ihnen eine Patentkali-Düngung, die wir leicht einhacken. Auch Holzasche ist gut und nützlich.

Das kleine, 60 cm hohe Gehölz JOHANNISKRAUT *(Hypericum androsaemum)*, das gerne im Halbschatten wächst, zeigt seine roten und schwarzen Beeren. Es ist überall dort zu gebrauchen, wo sonst schwer etwas wächst, da es sehr anspruchslos ist und zur Vermehrung neigt.

Vielleicht ist es ganz interessant, einige GIFTIGE BEEREN und PFLANZEN zu nennen, die in unsern Gärten viel vorkommen.

Johanniskraut

Voran steht der sehr giftige, leuchtendrote Beerenstand des ARONSTABES, auch die roten Beeren vom MAIGLÖCKCHEN und von der STECHPALME gehören dazu, vom SEIDELBAST die roten Früchtchen, die schwarzen Beeren vom LIGUSTER und die des SALOMONSSIEGELS.

Der FINGERHUT *(Digitalis)* enthält ein Gift, das verarbeitet als Herzmittel dient. Die Milch der WOLFSMILCH ist besonders schädlich, wenn sie mit den Augen in Berührung kommt, und die Blätter vom BUCHSBAUM, der mit der Wolfsmilch entfernt verwandt ist, sind giftig. Ebenfalls zu erwähnen ist der in allen Teilen sehr giftige OLEANDER.

Die HASELNÜSSE sind reif und werden schon eifrig von Eichhörnchen gesammelt. Es reifen aber auch alle Samen des stehengelassenen Unkrauts!

Wir gehen durch den Garten und merken uns angesichts all des Blühenden, was das nächste Jahr einen andern Platz haben sollte, ob die eine Pflanze zu sonnig stand, oder wer gerne mehr

Sonne und Luft gehabt hätte, um sich gut entwickeln zu können. Eine Staude ist so sehr gewachsen, dass eine Teilung angebracht wäre, und an anderem Ort wiederum freuen wir uns, in welch glücklicher Beziehung diese Blumen zur Nachbarschaft stehen. Es ist schön, sich in aller Ruhe damit zu befassen, und heiter wandern die Gedanken schon ins nächste Jahr.

Oktober

Selbst in diesem Monat blühen noch Stauden auf. Die STAU-DEN-SONNENBLUME *(Helianthus salicifolius)* öffnet wie ein Feuerwerk ihre gelben Blütenbüschel auf bis zu 3 m hohen Stielen mit schmalen, weidenartigen Blättern hinauf bis ins erste Stockwerk unseres Hauses. Sie muss bis zur Mitte gut aufgebunden werden, schwankt aber trotzdem sehr elegant im Winde. Die WINTERASTER *(Chrysanthemum)*, gefüllt und ungefüllt, wählt ebenfalls den Oktober zum Blühen. Alle Farben sind hier vertreten mit Ausnahme von Blau. Die Winteraster steht gerne an der Sonne. Blau blüht noch lange der 25 cm hohe BLEIWURZ

Bleiwurz

(Plumbago), der seine Blättchen so hübsch rot färbt. An schattigerem Platz treibt das ALPENVEILCHEN *(Cyclamen europaeum)* seit August immer wieder neue Blümchen hervor.

Auch der Strauch ABELIE *(Abelia grandiflora)*, den ich zum erstenmal in Frankreich beim peintre primitif Bauchant in grossen Mengen in seinem zauberhaften, etwas verwilderten Garten sah, trägt bis in diesen Monat hinein seine unzähligen

Alpenveilchen

kleinen weiss-rosa Blüten. Er wird ungefähr 150 cm hoch und hat feine braun-grüne Blätter, die er je nach Lage auch im Winter behält. Manchmal friert er zurück, treibt jedoch wieder neu aus, wenn wir ihm die erfrorenen Zweige wegschneiden.

Noch haben wir nie die Gräser und die FARNE erwähnt, die eine so nützliche Rolle in unsern Gärten spielen. Letztere füllen uns Schattenplätze und halten das Abrutschen der Erde auf, wo die Beete abfallend sind. Der BECHERFARN *(Matteuccia struthiopteris)* wird 70 cm hoch und gedeiht überall ganz ohne Probleme. Weniger wuchtig, aber sehr dekorativ sind der HELMBUSCHFARN *(Athyrium filix fem. formosum cristatum)* und der SCHILDFARN *(Aspidium filix mas. polydactylum)*. Möchte man nur niedere Farne, nehmen sich die 40 cm hohe, breitblättrige HIRSCHZUNGE *(Phyllitis scolopendrium «Undulatum»)* oder der graziös fallende VENUSHAARFARN *(Adiantum pedatum)* immer sehr schön aus.

Sonne dagegen lieben die meisten GRÄSER, sie halten auch viel Trockenheit aus. In den Beeten haben sie eine eigene Wirkung und fordern das Blühende ihrer Umgebung zum Mitspielen auf.

Wächst zum Beispiel neben dem 60 cm hohen FEDERBORSTENGRAS *(Pennisetum compressum)* oder dem 40 cm hohen BLAUHAFER *(Avena sempervirens glauca)* das 30 cm hohe SONNENRÖSCHEN *(Helianthemum hybridum «Apricot»)* oder das nur 25 cm hohe SCHLEIERKRAUT *(Gypsophila «Rosenschleier»)*, ein weisser HERBSTKROKUS oder das blaugraublätterige Zwergsträuchlein VERONIKA *(Hebe pinguifolia)*, immer stehen sie reizvoll zueinander. Das ZITTERGRAS *(Briza maxima)*, das in unsern Wiesen wächst, und das MOSKITOGRAS *(Bouteloua gracilis)*, dessen Blüten wie Insekten wirken, bilden ebenfalls charmante grüne Inseln, die wir mit Zuneigung betrachten.

Als Solitärpflanzen kommen zum Beispiel das zebragestreifte CHINASCHILF *(Miscanthus var. «Zebrinus»)*, das breitblätterige WASSERROHR *(Arnudo donax)* oder das PAMPASGRAS *(Cortaderia selloana)*, in Frage, alle 150 cm bis über 2 m hoch.

Die alten BROMBEERRANKEN wollen geschnitten sein, denn an den neuen jungen Trieben, die aufgebunden werden müssen, reifen im nächsten Jahr die Beeren. Auch aus den JOHANNISBEERSTRÄUCHERN entfernen wir die 5–6 Jahre alten Triebe, dafür kann man eine neue Rute stehen lassen. Sofern sich starke Verzweigungen gebildet haben, diese etwas lichten. Die HIMBEEREN geben uns keine Arbeit mehr, es sei denn, wir jäten noch einmal gründlich darin. Haben sie sich aber im Garten wild da und dort vermehrt, schneiden wir davon in unsere herbstlichen Sträusse, wo sie ein dauerhaftes Grün sein werden.

«Ursula räumt s'Kraut herein (21. Oktober),
Sonst schneien Simon und Judas darein.»

Was an Stauden ganz verblüht ist, wird über dem Boden abgeschnitten, auch der Sommerflor, der nicht mehr so recht will, kann ausgezogen werden. Aber das definitive wintertliche Richten der Beete schieben wir wenn möglich auf bis Anfang November, weil es zu schade ist Blühendes wegzuwerfen. Natürlich gibt es Jahre, da die Kälte sehr früh einsetzt, aber mei-

Tagetes
Silberlicht

stens reicht es am Anfang des nächsten Monats noch für das Räumen der Beete und das Setzen der Blumenzwiebeln.

Bei den ROSEN sammeln wir die kranken Blätter und werfen sie in den Abfallkübel. Ende des Monats ist auch die Zeit, da neue Rosen gepflanzt werden können. Im Abschnitt «Rosen» vom Monat März steht es beschrieben, wie dabei vorzugehen ist.

Der RASEN wird nochmals geschnitten, denn ist das Gras beim Einwintern zu hoch, besteht in vermehrtem Mass die Gefahr des Vermoosens.

Der Kompost muss umgearbeitet werden (siehe Kapitel Kompost im März), damit wir Platz gewinnen für alle Pflanzenabfälle und alles Laub, das im nächsten Monat in grossen Haufen zusammenkommt und das sich später wieder in gute und so willkommene neue Erde umwandeln wird.

Tabak

November

Nun neigen sich Jahr und Garten dem Winter zu. Wir müssen die noch gnädig warmen Stunden nützen, um unseren Garten für den Winter vorzubereiten. Obgleich noch so manches blüht in unseren Blumenbeeten, muss abgeräumt werden. Also schneiden wir mit etwas schwerem Herzen die letzten DAHLIEN, TITHONIAS, SCABIOSEN und COSMEEN und anderes mehr. Nur die Rosenknospen lassen wir stehen, da diese manchmal bis in den Dezember hinein durchhalten. Auch das Blattwerk des ARONSTABS und was dem ersten Frost noch standhalten wird, wie das hohe *Polygonum amplexicaule*, dessen Laub sich herrlich rot färbt, oder vielleicht eine *Matricaria*, dürfen stehen bleiben. An geschütztem Platz lassen wir der blauen *Plumbago* noch eine kurze Lebensfrist und auch dem lange durchhaltenden kleinen *Alyssum*. Dann gibt es auch Gräser und Farne, nach denen wir dankbar bis Ende des Monats, selbst bis in den Dezember hinein, Ausschau halten.

Die Stauden werden über dem Boden abgeschnitten, und auch die Dahlienknollen müssen ausgegraben werden. Letztere legen wir in Kistchen in feuchten Torfmull, gut etikettiert, sonst gibt's im Mai im nächsten Jahr beim Neueinsetzen allerhand Verwirrung. Damit sind die Dahlien bereit, im dunkeln, kühlen Keller zu überwintern. Das richtige Klima für die Knollen zu finden ist nicht ganz leicht. Ist der Keller kalt, soll der Torfmull nur schwach feucht sein, sonst schimmelt alles. Ist er aber eher temperiert, muss man zusehen, dass die Knollen nicht austrocknen. Eine Kontrolle von Zeit zu Zeit ist deshalb nötig.

Im abgeräumten Beet wird zum letzten Mal gejätet und dabei sehr aufgepasst, ob sich nicht eine Pflanze von selbst versamt

Schildfarn

hat in aller Stille. Da spriesst vielleicht ein kleinstes, zartes Akeleiblättchen schon gut erkennbar oder sogar ein junger Diptam. Wir stecken ein Stöckchen dazu, um sie beim späteren Laubwischen nicht zu stören. Sind wir nicht ganz sicher was es ist, verfolgen wir im Frühjahr sein Wachstum, bis wir es erkennen. Selbstversamtes ist immer eine besondere Freude, weil man das Gefühl hat, es sei ihm wohl an seinem Platze. Die sich gerne versamende wilde KÖNIGSKERZE *(Verbascum)*, gut erkennbar an ihren wollenen, graugrünen Blättern, belassen wir, wo sie sich hingesetzt hat. Oder verpflanzen wir sie? Obgleich sie ein Unkraut ist und weiss woher geflogen kam, wirkt sie mit ihrem geraden Wuchs sehr dekorativ.

Überall wo es möglich ist, wird in den Beeten mit der Stechgabel umgestochen, nicht mit dem Spaten, um die Wurzeln der Stauden möglichst wenig zu stören. Um die verbliebenen Pflanzen streue man Peruaguano oder getrockneten Hühnermist, Knochenmehl oder Hornspäne – noch besser ist verrotteter Mist, wenn man welchen bekommt, und grabe alles leicht ein. Es ist auch die Zeit, da wir vielleicht einiges verpflanzen wollen, weil im Sommer oder im Herbst die Nachbarschaft nicht glücklich war oder weil Neues sich dazugesellen möchte.

Zwischen den Stauden finden nun auch die Tulpenzwiebeln ihren Platz. Am besten legt man diese zuerst auf die Erde so verteilt, wie wir sie im Frühling blühen sehen möchten, die frühen Wildtülpchen in Sichtweite. Sie sind zwar die kleinsten, aber doch die ersten! Dann kann man ans Einsetzen gehen. Man scheue sich nicht, auch die grossen Tulpen ziemlich nahe zusammenzurücken, Abstand 10–15 cm. Auch ist es von Vorteil, wenn Gruppen der gleichen Farbe zusammen bleiben. Über jede Zwiebel streue man leicht etwas Brassicol, ein Mittel gegen den Tulpenpilz, und decke sie dann mit Erde zu. Zuletzt verteile ich nur wenig vom oben genannten Dünger auch dort, wo die Zwiebeln im Boden liegen, und hacke ihn sehr sachte ein wenig ein.

An anderen Stellen dürfen die NARZISSEN nicht fehlen, die PENSÉES, die VERGISSMEINNICHTE und die BELLIS und was an kleinen Zwiebelchen oder Knöllchen in den Boden soll. Dafür ist bis Anfang November immer noch Zeit.

Einige Angaben über die Pflanztiefe für Zwiebeln und Knollen finden sich weiter unten. Im grossen und ganzen gilt die Regel, dass die Zwiebeln, je grösser sie sind, desto tiefer in den Boden hinein müssen. Die kleinen Wildtulpen zum Beispiel werden weniger tief gesetzt als die grossen Tulpen. Das ist auch recht logisch, da die hohen Sorten sich fester im Boden verankern müssen, wollen sie Wind und Wetter standhalten. Dasselbe gilt auch für die Narzissen.

Den ganz grossen Zwiebeln wie der Kaiserkrone bereite man den Boden so vor, dass das Wasser gut ablaufen kann, damit sie nicht faulen. Das Loch wird tiefer gegraben als nötig. Zuunterst lege man einige Steine hinein und setze die Zwiebeln dann in nahrhafte, sehr gute, etwas sandige Erde.

Winterlinge, Frühjahrsanemone, Maiglöckchen (sehr flach setzen)	3–4 cm tief
Scilla, Alpenveilchen, Krokus, Traubenhyazinthe, Schneeglöckchen, Märzbecher	5 cm tief
Irisknollen (diese sollten etwas aus der Erde ragen, sie faulen weniger)	6 cm tief
Wildtulpen, Narzissen (Zwerg), Gladiolen, Tulpen	12 cm tief
Narzissen, Hyazinthen, Herbstzeitlosen	14 cm tief
Feuerlilie, Schachbrettblume, Türkenbund, Madonnenlilie	20 cm tief
Kaiserkrone	25 cm tief

In den Beeten, in denen wir die Tulpen das ganze Jahr belassen, können wir nun den darüber gestreuten Dünger leicht einhakken. Diese Tulpen werden mit der Zeit immer kleiner, bis sie ganz verschwinden. Das Grazilerwerden der Blüten hat aber viel Charme, und es dauert viele Jahre, bis sie gar nicht mehr blühen wollen.

Nun gehen wir an den Finishing Touch unserer Beete und streuen köstliche Komposterde oder Torfmull über sie. Wenn kein Dünger vorher eingearbeitet werden konnte, decken wir mit Düngtorf gut ab. Wie schön sehen diese frisch zubereiteten Beete aus: man hat das Gefühl, der Boden atme neu und tiefer und teile dies den Pflanzen mit.

Die OLEANDER, GERANIEN und CITRONELLENPFLANZEN und die FUCHSIEN müssen in den Keller gebracht werden, wo sie kühl und hell stehen sollten.

Sternbergie

Wir denken: Vorbei ist's mit dem Blühen, da öffnet sich noch die goldgelbe STERNBERGIE *(Sternbergia lutea)*, ein Winterkrokus. Es existieren auch dunkelviolette, spätblühende Krokusarten: der *Crocus asturicus violaceus* oder der niedrigere *Crocus salzmonnii*. Da die Auswahl gross ist, studiere man wie bei den Tulpen die Kataloge, um die Lieblingsfarben zu finden.

Es setzen nun die wilden Westwinde ein, die den Garten sehr austrocknen. Darum sollte man beim Neugepflanzten oder an trockenen Stellen nochmals tüchtig giessen: «Denn der rei-

che Bauer weiss es wohl, dass im November man wässern soll.»
Nachher muss die Wasserleitung im Garten abgestellt werden.
«Hat Martini (11. November) einen weissen Bart, ist der Winter lang und hart. Ist Martini trüb und feucht, ist zumeist der Winter leicht.»
Auf jeden Fall können wir im November schon herbe Frostnächte erleben, alles Laub fällt von den Bäumen und Sträuchern, die eben noch in buntesten Farben gegen den blauen Himmel standen. Wunderbar gezeichnete und gefärbte Blätter werden uns zu Füssen geweht, und wir gehen auf raschelnden Teppichen. Ist alles Laub auf der Erde, wird es zusammengekehrt und gerecht und auf den Kompost gebracht. Der Rasen, die Beete und die Wege, alles wird gesäubert. Tun wir das nicht, so vermoost unser Rasen unter den feuchten, nassen Blättern, und bei jedem Wind wird das Laub wieder überall herumgewirbelt. Nur zwischen Sträuchern darf es manchmal Nahrung spendend liegen bleiben.
Den ROSEN legen wir Mist auf die Erde und decken diesen mit Tannzweigen zu, damit die Vögel ihn nicht in alle Richtungen zerstreuen. Haben wir keinen Mist zur Verfügung, kann man mit Komposterde oder Düngtorf abdecken. Nicht vergessen den Fuss der CLEMATIS zu schützen.
Nahe um die frühen CHRISTROSEN *(Helleborus niger)* legen wir Schneckenkörner hin. Sie zeigen bereits schon Blumenknospen, die dem Schneckenfrass sehr ausgesetzt sind. Das gleiche gilt für den DIPTAM, dessen kleine, hellgrüne Triebspitzen uns schon ins neue Jahr weisen.
Wer einen FEIGENBAUM besitzt, der nicht sehr geschützt steht, muss ihn mit Laub oder mit ZIERGRAS, zum Beispiel mit dem Chinaschilf, das im Herbst im Garten heruntergeschnitten wird, einbinden und mit Tannenzweigen decken. Auch den Boden decke man mit Laub und Tannenzweigen ab.
Nicht alle Ziergräser wollen im Herbst einen Rückschnitt. Das

PAMPASGRAS ist zum Beispiel sehr frostempfindlich. Deshalb soll es nicht heruntergeschnitten, sondern in der oberen Hälfte zusammengebunden werden, so dass weder Nässe noch Kälte in sein Innerstes dringen können. Dieses 2 m hohe Gras mit seinen grossen, silbernen Blütenwedeln ab August stammt aus Südamerika und beansprucht deshalb einen sonnigen Platz. Auch hier wird der Fuss mit Laub oder Torfmull gedeckt zum Schutze der Wurzeln. Der FACKELLILIE *(Kniphofia)* flechten wir die langen Blätter zusammen und geben auch ihr den nötigen Winterschutz durch einen Tannenzweig. Die Johannisbeersträucher müssen mit Kokosschnur zusammengebunden werden, damit die Vögel im frühen Frühling nicht die Blütenknospen wegpicken, die sie so sehr lieben.

Der November ist ein trauriger Monat oder vielmehr einer, der uns oft traurig stimmt. Die Tage werden immer kürzer, der Himmel ist meist sehr grau, und die Vögel holen sich die letzten roten Beeren vom FEUERDORN *(Pyracantha)* und von der FELSENMISPEL *(Cotoneaster)*, ohne noch zu singen. Alles ist verblüht, was uns an Gartenfreuden täglich durch viele Monate hindurch immer wieder überraschte und zu neuem Tun antrieb. Und doch, auch jetzt fehlt es nicht an Faszinierendem.

Wenn zum Beispiel die kleine HERBSTCYCLAME *europaeum* ausgeblüht hat und den Stiel ihrer Samenkapsel langsam, spiralenförmig einrollt, um sie der Erde nahezubringen und zu schützen, könnte man fast ein Gespräch mit ihr führen, so eifrig bemüht und reizvoll wirkt das. Ist der Samen ausgereift, entrollt sich der Stiel wieder, streckt sich aus und legt etwas entfernt seinen Samen in die Erde.

Wie kraftvoll auch zeigen die kahlen Bäume ihre klar sichtbare Struktur, mit dem so verschieden geformten Geäst und den eigenartigen Durchblicken, die sich zwischen allem Verzweigten bilden, und wie ausdrucksvoll sitzen die Vögel darin.

DEZEMBER

Zum Schluss müssen die Gartengeräte geputzt und ordentlich aufgeräumt werden.
Dann aber ist es der Monat der Ruhe von aller Gartenarbeit. Wir sind froh, einmal zum Fenster hinausschauen zu können, ohne denken zu müssen: der Rasen ist zu hoch, schon wieder sind die Schnecken am Werk – das sollte noch getan sein, und dies ist nicht erledigt. Wir können unseren Garten jetzt seinem Schicksal überlassen. Das Wunder ohne Ende der Pflanzenwelt nimmt im Stillen ohne unser Zutun seinen sicheren Gang.
Noch holen wir uns die letzten Rosenknospen herein. Dann freuen wir uns der Wintertage, die mit Schnee oder Rauhreif ihren eigenen Zauber hervorbringen.

Deutsche Namen

	Text Seite	Abb. Seite
Abelie	95	
Ackerwinde	26	
Akelei	54	
Alpenveilchen	12, 95	95
Anemone	33, 89	
Aronstab	16	
Aster: Sommeraster, Herbstaster, Winteraster	46, 60, 90, 94	
Atlasblume	31	
Aubrietie (Blaukissen)	42	
Bärenklau	78	
Bartfaden	31	
Bartnelke	46	
Basilikum	62	
Baum-Pfingstrose	68	
Baumtropfen	26	27
Bechermalve	44	
Bergenie	43	
Blauraute	79	
Blaustern	33	
Bleiwurz	94	94
Bohnenkraut	62	
Breitglocke	69	
Brombeeren	86, 96	
Buschwindröschen	24	
Christophskraut	61, 83	86
Christrose	12, 106	13
Citronellenbäumchen	23, 58, 104	
Dahlien	23, 34, 58, 90, 100	
Dahlien Arabian Night	90	
— Gerrie Hoek	90	
— Requiem	90	
— Roquencourt	90	91
— Roulette	90	
— Silver City	90	

111

	Text Seite	Abb. Seite
Deutzie	53	
Dill	62	
Diptam	31, 64, 70, 106	
Duftwicke	22	
Ehrenpreis	69	
Eisenhut	89	
Elfenblume	32	
Estragon	62	
Etagenprimel	54	
Fackel	20, 60	
Fackellilie	107	
Farne: Becherfarn, Helmbuschfarn, Hirschzunge, Schildfarn, Venushaarfarn	95	41, 101
Federmohn	70	
Federnelke	54	
Feigenbaum	106	
Felberich	83	82
Felsenmispel	107	
Fetthenne	58	
Feuerbusch (Scheinquitte)	53	
Feuerdorn	107	
Fingerhut	70	
Fingerkraut	53	
Flieder	51, 52	
Fuchsie	23, 58, 82, 104	
Funkie	83	
Gartenaurikel	54	
Gedenkemein	42	43
Geissblatt	63	
Gelenkblume	82	
Gemswurz	42	42
Geranie	23, 34, 58, 104	
Geranienstecklinge	88	
Gewürzstrauch	14	15
Giftpflanzen	91	
Gladiolen	60	
Glockenblume	44, 58, 64	
Glockenheide	16	
Glockenrebe	18	
Goldmohn	31	

                                                    Text Seite Abb. Seite

Gräser: Blauhafer, Chinaschilf
Federborstengras, Moskitogras, Pampasgras
(siehe auch 107), Wasserrohr, Zittergras 95, 96

Hacquetie 32   32
Hartriegel 34
Himbeeren 29, 86, 96
Hornveilchen 58
Hundszahn 32   33

Jasmin 11
Johannisbeeren 96, 107
Johanniskraut 91   92
Jungfer im Grünen 30   30

Kaiserkrone 24, 39
Kamille 70
Kapuziner 44
Katzenminze 69
Kerrie 42   43
Knöterich 76   80
Kompost 34, 98
Königskerze 102
Königslilie 69
Kornelkirsche 34
Kranzspiere 48
Kräutergarten 61
Kreuzkraut 29, 83
Krokus 32, 104
Küchenschelle 33

Lauchgewächs (wildes) 28
Lavendel 73   73
Leberblümchen 40
Lein 82
Levkoje 20
Liebstöckel 62
Lobelie 60
Löwenmaul 20, 60
Lupine 44

Magnolie 52
Maiglöckchen 54

	Text Seite	Abb. Seite
Märzbecher	31	
Massliebchen (siehe unter Bellis)	34, 103	
Milchstern	40	
Mittagsgold	60	
Mohn	17, 18, 70	
Narzissen	39	
Nelkenwurz	54	55
Nieswurz (siehe unter Helleborus)	33, 56	57
Ochsenzunge	68	
Oleander	23, 50, 104	
Ölweide	72	71
Pariser Hexenkraut	28	25
Perückenstrauch	53	
Pestwurz	16	
Petersilie	62	
Pfaffenkäppchen	54	
Pfefferminze	63	
Pfeifenstrauch (Zimtröschen)	14	
Pfingstrose	68	
Phlox	77, 83	85
Portulak	45	
Primel	24, 58	
Quecke	28	
Rasen	49, 60, 98	
Reseda	44	
Ringelblume	44	
Rittersporn	22, 60, 68	
Rosen:	17, 28, 56, 64, 74, 87, 91, 98, 106	
Rose Allgold (Floribundarose)	66	
— Baronesse de Rothschild (Remontantrose)	74	
— Cristata Chapeau de Napoléon (Moosrose)	66	
— Etoile de Hollande (Edelrose)	64	
— Ferdinand Pichard (Remontantrose)	74	
— General Mc. Arthur (Edelrose)	64	
— Golden Wings (Strauchrose)	66	
— Gruss an Heidelberg (Strauchrose)	74	
— Hugonis (Strauchrose)	58	
— Intermezzo (Edelrose)	74	

	Text Seite	Abb. Seite
Rose June Park (Edelrose)	74	
— Kings Ransom (Edelrose)	64	
— Mainzer Fastnacht (Edelrose)	74	
— Mme. A. Meilland (Edelrose)	74	
— Mme. Hardy (Strauchrose)	74	
— Mister Lincoln (Edelrose)	74	
— moyesii (Strauchrose)	68	
— New Dawn (Kletterrose und Strauchrose)	74	
— omeiensis pteracantha (Strauchrose)	58	59
— Pascali (Edelrose)	74	
— Pharao (Edelrose)	73	
— rugosa (Strauchrose)	68	
— Schneewittchen (Strauchrose)	74	
— Sparrieshoop (Strauchrose)	64	65
— Virgo (Edelrose und Kletterrose)	64, 74	
— Viridiflora (Chinarose)	74	75
Rosenstecklinge	74	
Rosmarin	62	
Salbei	62	
Salomonssiegel	24	
Sammetblume	46, 60	97
Sanddorn	54	
Schachbrettblume	40	40
Schafgarbe	79	80
Scharbockskraut	26	
Schaublatt	83	
Scheinhasel	34	
Schildblatt	43	
Schleierkraut	96	
Schleifenblume	43	
Schmuckkörbchen	46, 60	
Schneeball	51	
Schneeglöckchen	16	
Schnittlauch	62	
Schöngesicht	44	
Schwarzdorn, Schlehe	54	
Schwertlilie	14, 64, 66	16, 67
Silberkerze	89	89
Skabiose	47	
Sommeraster	46, 60	
Sommermalve	44	
Sonnenblume	45	

115

	Text Seite	Abb. Seite
Sonnenbraut	77	79
Sonnenhut	89	90
Sonnenröschen	96	
Spierstrauch	42	
Stauden-Sonnenblume	94	
Stauden-Vergissmeinnicht	54	
Steinkraut	30, 42	
Steinsame	69	
Sternbergie	104	104
Sterndolde	76	78
Stiefmütterchen (Pensée)	17, 34, 80, 103	
Strauchveronika	96	
Tabak	45	99
Taglilie	54, 76	77
Thymian	62	
Traubenhyazinthe	40	
Trichterwinde «Blauer Himmel»	45	
Trompetenzunge	20, 60	
Tulpen	37, 39	
Türkenbund	83	
Unkraut	24	
Veilchen	50	
Verbene	60	
Vergissmeinnicht	34, 103	
Waldmeister	24, 63	
Waldrebe	47, 49, 64, 106	48
Weissdorn	54	
Winterling	11	12
Wolfsmilch	18, 28	27
Zaubernuss	14	19, 21
Zinnie	46, 47, 60	80, 81
Zwerg-Iris	14	16

Botanische Namen

	Text Seite	Abb. Seite
Abelia grandiflora	95	
Acanthus	78	
Achillea ptarmica fl. pl.	80	80
Aconitum arendsii	89	
Actaea alba	61, 83	86
— rubra	61, 83	
— spicata	61	
Adianthum pedatum	95	
Aegopodium podagraria	26	27
Agropyron repens	28	
Akebia quinata	63	
Allium	28	
Alyssum (einjährig)	30	
Alyssum scardicum	42	
Anchusa italica	68	
Anemone blanda rosea	33	
— japonica	89	
— Königin Charlotte	89	
— nemorosa	24	
— pulsatilla	33	
Antirrhinum	20, 60	
Aquilegia	54	
Arum italicum	16	
Arundo donax	96	
Asperula	24, 62	
Aspidium filix mas polydactylum	95	101
Aster	46, 60, 90	
Astrantia	76	78
Athyrium filix fem. formosum cristatum	95	
Aubrietia	42	
Avena sempervirens glauca	96	
Bellis	34, 103	
Bergenia crassifolia	43	
Bocconia cordata (Macleaya cordata)	70	
Bouteloua gracilis	96	

117

	Text Seite	Abb. Seite
Briza maxima	96	
Brunnera macrophylla	54	
Calendula	44	
Campanula persicifolia alba	64	
— pusilla	58	
— speculum	44	
Chaenomeles japonica oder Cydonia maulei		
— cardinalis	53	
— nivalis	53	
— umbillicata	53	
Chimonanthus praecox (Calycanthus praecox)	14	15
Chrysanthemum indicum Hybriden	94	
Chimicifuga japonica	89	89
Circaea lutetiana	28	25
Clematis jackmanii	47	
— Mme. Le Coultre	47, 64, 106	
— montana	47	48
— Nelly Moser	49	
— tangutica	47	
Cobaea scandens	18	
Convallaria majalis	54	
Convolvulus arvensis	26	
Coreopsis (Calliopsis)	44	
Cornus kousa	34	
— mas	34	
Cortaderia selloana	96	
Corylopsis	34	
Cosmea	46, 60	
Cotinus purpureus	53	
Cotoneaster	107	
Crataegus	54	
Crocus	32	
Crocus asturicus violaceus	104	
— salzmanii	104	
Cyclamen	61	
— coum	12	
— europaeum	95	95
Dahlia (siehe unter Dahlien)		
Decaisnea fargesii	37	38
Delphinium ajacis	22, 60	
— perennierend	68	

	Text Seite	Abb. Seite
Deutzia gracilis	53	
— rosea	53	
Dianthus barbatus	46	
Dianthus plumarius Anne	54	
— Helen	54	
— Mrs. Sinkins	54	
— Winston	54	
Dictamnus albus	31, 64, 70, 106	
— var. caucasicus	70	
Digitalis	70	
Doronicum caucasicum	42	42
Elaeagnus salicifolia	72	71
Epimedium	32	
Eranthis	11	12
Erica carnea	16	
Erythronium dens canis	32	33
Eschscholtzia	31	
Euphorbia	18, 28	27
Evonymus europaea	54	
Ficaria verna	26	25
Forsythia	14	
Fritillaria imperialis	24, 39	
— meleagris	40	40
Fuchsia	23, 58, 104	
Fuchsia gracilis	82	
Galanthus elwesii	16	
— nivalis	16	
Gazania	60	
Geum bulgaricum	54	
— chiloense «Mrs. J. Bradshaw»	54	
— coccineum «Borisi»	54	55
Godetia	31	
Gypsophila	96	
Hacquetia epipactis	32	32
Hamamelis mollis	14	19
— rubra	14	21
Hebe pinguifolia	96	
Helenium	77	79
Helianthemum hybridum «Apricot»	96	

	Text Seite	Abb. Seite
Helianthus	45	
— salicifolius	94	
Helleborus Hybriden	33	
Helleborus Gertrud Froebel	33	
— niger	12, 106	13
— Teerose	33	
— The Sultan	33, 56	57
Hemerocallis Black friar	76	77
— citrina	76	
— flava	54	
— kwanso fl. pl.	76	
— minor	76	
Hepatica	40	
Hippophae rhamnoides	54	
Hosta japonica albo marginata	83	
— fortunei	83	
— sieboldiana glauca	83	
Hypericum androsaemum	91	92
Iberis	43	
Ipomoea	45	
Iris barbata:	31, 66	
— Nightside	66	
— Starburst	66	67
— Sun Miracle	66	
— Tranquility	64	
— Wenatchee Skies	66	
Iris reticulata	14	16
Jasminum nudiflorum	11	
Kerria	42	43
Kniphofia	107	
Kolkwitzia amabilis	14, 53	52
Lathyrus odoratus (Sweet Pea)	22	
Lavatera Silver Cup	44	
Lavandula	73	73
Leucojum vernum	31	
Ligularia clivorum (Senecio)	29, 83	
— wilsoniana	83	
Lilium henry	83	
— regale	69	

	Text Seite	Abb. Seite
Linum perenne	82	
Lithospermum	69	69
Lobelia	60	
Lonicera caprifolium	63	
Lupinus mutabilis	44	
Lysimachia clethroides	83	82
Magnolia	52	
— nigra	53	
— soulangiana	53	
— stellata	53	
Malope trifida	44	
Matricaria alba plenissima	70	
Matteuccia struthiopteris	95	
Matthiola	20	
Miscanthus var. «Zebrinus»	96	
Muscari	40	
Myosotis	34, 103	
Narcissus Mount Hood	39	
— odorus rugulosus	39	
— Prof. Einstein	39	
Nepeta mussinii	69	
Nicotiana	45	99
Nigella	30	30
Omphalodes verna	42	43
Ornithogalum umbellatum	40	
Paeonia:		
— Baronesse Schroeder	68	
— Duchesse de Nemours	68	
— officinalis	68	
Paeonia arborea: Elisabeth	68	
— yaso okina	68	
Papaver:	17, 70	
— nudicaule	18	
— Rhoeas	18	
— somniferum Mursellii	18	
— somniferum paeoniflorum	18	
Pelargonium (siehe Geranien)		
Peltiphyllum	43	
Pennisetum compressum	96	

	Text Seite	Abb. Seite
Penstemon hartwegii	31	
Perovskia atriplicifolia	79	
Petasites	16	
Philadelphus coronarius	14	
Phlox	77, 83	85
Phyllitis scolopendrium «Undulatum»	95	
Physostegia virginiana «Vivid»	82	
Plumbago	95	94
Polygonum amplexicaule	76	80
Portulaca	45	
Potentilla fruticosa	53	
— «Red Ace»	53	
— veitchii	53	
Primula hortensis	54	
— pulverulenta	54	
Prunus spinosa	54	
Pyracantha	107	
Reseda odorata	44	
Rodgersia aesculifolia	83	
— tabulris	83	
Rosa (siehe unter Rosen)		
Rudbeckia neumannii	89	90
— purpurea	89	
Salpiglossis	20, 60	
Sanvitalia	60	
Scabiosa	47	
Scilla bifolia	33	
— sibirica	33	
Sedum cauticolum «Lidakense»	58	
Spiraea arguta	42	
Syringa:	51	
Syringa Hugo Koster	52	
— Mme. Legray	52	
— Mme. Lemoine	52	
— persica	52	
— sweginzowii	52	
Stephanandra incisa	48	
— tanakae	48	
Sternbergia lutea	104	104
Tagetes	46, 60	97

	Text Seite	Abb. Seite
Tithonia rotundifolia	20, 60	
Tropaeolum	44	
Tulipa Apricot Beauty	39	
— clusiana	37	
Tulipa greigii Engadin	39	
— praestans Füsilier	39	
— Queen of the Night	39	
— tarda	37	
— weisser Triumphator	39	
Verbascum	102	
Verbena	60	
Veronica hendersonii	69	
Viburnum carlesii	51	
— fragrans	51	
— tomentosum	51	
Viola (Pensée)	17, 34, 80, 103	
— cornuta	58	
— orange Traum	59	
Wahlenbergia (Platycodon)	69	
Zinnia elegans	46, 60	81
— haageana	47	80
— scabiosiflorus	46	

Dank

Es bleibt mir, allen meinen Gartenfreunden herzlich für den anregenden und langjährigen Erfahrungsaustausch zu danken; ohne sie wäre dieses kleine Buch nicht zustandegekommen. Besonderen Dank schulde ich meinem Gärtner Friedrich Scheidegger, mit dem ich über 40 Jahre zusammengearbeitet habe.